Ⓢ新潮新書

井口 博
*IGUCHI Hiroshi*

# パワハラ問題

## アウトの基準から対策まで



878

新潮社

# まえがき

――きのう、部下の報告書があまりひどいので少し厳しめに注意した。そのときは「はい」と素直に答えていたのに、きょう会社にきてみると、SNSに自分のことがパワハラ上司と書き込まれていると言われた。どうしたらよいのだろう。

――うちの会社にはモンスター部下がいる。何か指示してもぶつぶつ文句を言うし、叱るとキレて自分に怒鳴ってくる。これは逆パワハラじゃないのか。

――サラリーマン川柳2020の応募作から選ばれた優秀100句の中に、「これセーフ？　部下への言葉　ググる日々」というのがあった。本当にこのとおりだ。部下にどう言って指示すればいいんだろう。

2020年6月1日からパワハラ防止法が施行された（厳密には、労働施策総合推進法の改正法であるが、本書では通称のとおりパワハラ防止法とする。またパワー・ハラスメントは略称のパワハラで記す）。

この法律が施行されるにあたって、多くの新聞やネットで法律の内容を解説する記事が出た。ただそれらの記事を見ていると、ちょうど日本中が新型コロナの対応で精一杯だったこともあってか、大雑把な解説であったり、新型コロナ対応で広がったテレワークや在宅勤務に関するハラスメントのことだけだったりして、肝心のこの法律で何がどう変わっていくのかについて掘り下げた記事は残念ながら見当たらなかった。

法律が施行されたといっても、パワハラについて雇用管理上必要な措置を義務付けられたのは大企業だけで、中小企業については当面、努力義務とされた。

多くの大企業では会社としての対応体制は整えたようである。しかし現場で上司としてパワハラ対応の最前線にいる管理職にとって、パワハラ防止法ができて何が変わったのか、何がパワハラになるかの判断基準はどうなったのか、テレワークや在宅勤務が広がっている今、この法律の下でどういうことに気を付けなければならないかなど、わからないことだらけではないだろうか。

ここでいう大企業とは、資本金が3億円（小売業またはサービス業では5000万円、卸売業では1億円）を超え、かつ常時使用する労働者が300人（小売業では50人、卸売業またはサービス業では100人）を超える会社が該当する。大企業を対象に施行されたといっても、全国約359万社の会社のうち、大企業に該当する会社は約1万1000社（0・3％）しかない。その他の中小企業は約357万8000社（99・7％）もある（2020年版中小企業白書）。

中小企業も、2年後の2022年4月1日からは、大企業と同じように措置が義務付けられる。

この中小企業の経営者には、商店街の肉屋、魚屋、ラーメン店の店主も含まれる。これらの経営者にとっても、この法律は自分たちにどういう影響があるのかなど、よくわからないままではないだろうか。

またあまり言われていないが、今の時点でも、中小企業の事業主がパワハラ相談をした社員などに対し不利益な取り扱いをしてはならないという義務は大企業と同じようにかかっている。この法律の対象はまだ大企業だけだと安心してはいけないのである。

もうひとつ大きな出来事があった。2020年6月1日からパワハラ防止に関する人事院規則が施行されたことである。あわせてパワハラの懲戒処分の指針も定められた。これによってわが国の約59万人の国家公務員のパワハラ対応は大きく変わる。

地方公務員も変わる。これもあまり知られていないが、わが国の約274万人の地方公務員は、民間企業と同様にパワハラ防止法の対象であり、パワハラの定義、事業主の雇用管理上の措置などの規定が適用される。

したがってこの法律の施行によって、都道府県知事や市町村長はパワハラ防止法の事業主としての義務があり、地方公務員の管理職はパワハラ防止の責務がある。

これに加えて地方公務員は、公務職場で働く者として人事院規則の内容も関係する。パワハラ防止法と人事院規則とは「官民格差」と言われるようにパワハラの定義からして違っている。どこがどう違うのかも知っておかなくてはならない。


私は、これまで20年以上、ハラスメント問題を専門の一つとする弁護士として、会社や大学などで問題解決に当たってきた。ただ弁護士が相談を受けるのは問題が深刻化してからがほとんどだ。病気で言えば症状が進んでから病院に駆け込むのと同じである。

病気と同じように大事なことは予防だ。日頃から問題が起きても初期のうちに解決できるように備えておけば、わざわざ弁護士事務所に駆け込むこともない。そのためには問題発生に備えて基本的な知識を身に付けておくことが必要である。

この本は特に、民間企業や公務職場の管理職と、2022年に本格施行される中小企業の経営者のために、パワハラ防止法や人事院規則のポイントのほか、ハラスメントについて最小限知っておいてほしいこと、パワハラ防止のために経営者や管理職として心得てもらいたいことを基本から書いた。

もちろん部下に当たる一般社員も、ふだんの上司への対応方法としてこの本に書かれていることはぜひ知っておいてほしい。

パワハラがもめて法廷に持ち込まれることも非常に多くなっている。特にこの1、2年の判決には現場で参考になるものが多い。今の裁判所の考え方を知ることも重要である。巻末に最新の判決例を紹介しポイントも付けたので参照してほしい。

パワハラ問題　アウトの基準から対策まで——目次

# 第1章　まず基礎知識から

## 法律ができても

かねてから法制化の必要が叫ばれ、２０１９年5月29日に成立したパワハラ防止法は、２０２０年6月１日から施行された。施行前の同年1月には、この法律で事業主に義務付けられる雇用管理上の措置について、行政上の基準となる指針（以下、指針）が厚生労働省（以下、厚労省）から示された。

ようやく職場におけるパワハラの法制化が実現した。さてこれでパワハラはなくなっていくだろうか。

私は、裁判官をやめて弁護士になったあと、たまたまセクシャル・ハラスメント（以下、セクハラ）被害の相談を受けたことからセクハラ問題に関わるようになった。ここ数年はパワハラ問題にも関わるようになって、ハラスメント問題にはもう20年以上の経験がある。ハラスメント相談もこれまで大小合わせて1000件を超えている。会社や大学でのハラスメント研修の講師や事実調査委員会の委員になることも多い。

私は、かつてセクハラが大きな問題として取り上げられたときのことをよく覚えている。そのときに男性の多くから「相手がセクハラと感じたらセクハラになるのか。そんなことを言っていたら女性とまともに話ができない」という声をよく聞いた。これが誤解だと言ってもなかなかわかってもらえなかった。

その後、職場でのセクハラについては、男女雇用機会均等法などでさまざまな防止対策がとられた。しかしセクハラの理解と対策は進んでいない。そのことは次々と報道されるセクハラ事件で明らかだ。

つい最近も、ある政党の大会で市議が、参加者の女性に、「銀座のクラブのママみたいだね」と発言したのをセクハラと指摘されたことに対し、「なんでもかんでもセクハラって、一体なんなんだよ。じゃあ女とは一言も話せないね」と言ったという（「毎日新聞」2020年3月10日付朝刊）。

パワハラについても、「部下が不快と言えばパワハラになるのか。それでは部下を叱ることもできない」という声が聞こえる。これも誤解である。ではこうした誤解は、法律ができ、会社で防止対策がとられればなくなっていくだろうか。そう簡単にはいかない。今のままではセクハラと同じような道をたどるのではないか。つまり、トラブルやその認知件数は増えていくのに、当事者たちの意識や対策が追い付いていかない。これが心配だ。

## 急増するハラスメント

ここ数年、スポーツ界や芸能界のパワハラ事件を新聞や週刊誌で目にすることが多い。職場でも、神戸の小学校教諭が同僚から暴力や暴言を繰り返された事件や、トヨタの社員の自殺がパワハラとして労災認定された事件などがひんぱんに報道されている。

最近では、大学4年生の男子学生が就職の内定している会社の人事課長からパワハラを受け、入社2か月前に自殺したとして遺族の代理人弁護士らが記者会見した（「朝日新聞」2020年4月10日付朝刊）。

教育現場も例外ではない。北海道大学は総長がパワハラを理由として文部科学大臣より解任されたと発表した（北海道大学HP・2020年7月1日）。

**図1　民事上の個別労働紛争・主な相談内容別の件数推移（10年間）**

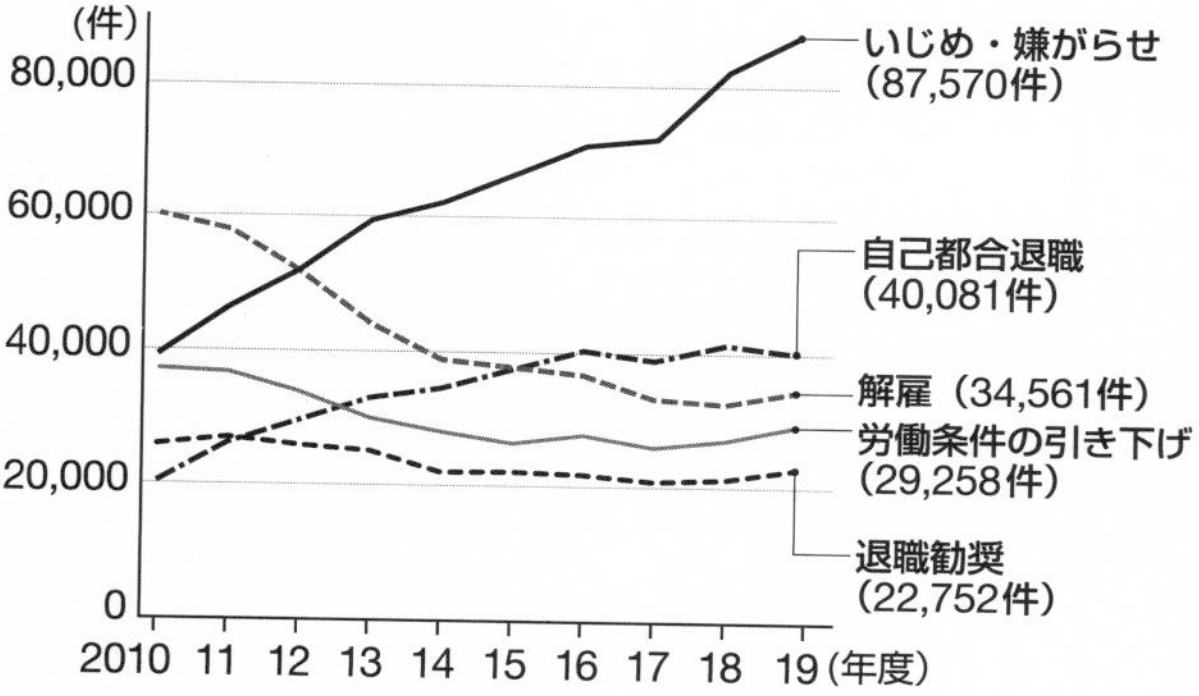


（厚労省「令和元年度個別労働紛争解決制度の施行状況」より）

職場でのハラスメントが増えていることは全国の労働相談の件数からもわかる。

全国の都道府県労働局や労働基準監督署などには総合労働相談コーナーが全部で３８０か所設置されていて労働相談を受けている。

図１のように、この労働相談での職場のいじめ・嫌がらせの件数は、２０１２年度にすべての労働相談の中でトップになり、その後も８年連続で最多である。件数は、２０１９年度では前年比で５・８％増加し８万７５７０件にもなった。

また２０１６年度に厚労省が委託した「職場のパワーハラスメントに関する実態調査報告書」（以下、２０１６年度実態調

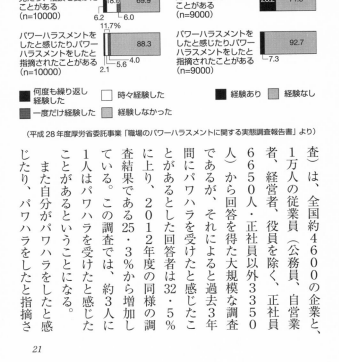

## 図２　過去３年間のパワーハラスメントの経験

「あなたは過去３年間にパワーハラスメントを受けたり、見たり、逆にパワーハラスメントをしたり、していると指摘されたことはありますか」という問いへの回答（各単数回答）　対象：全回答者、単位％

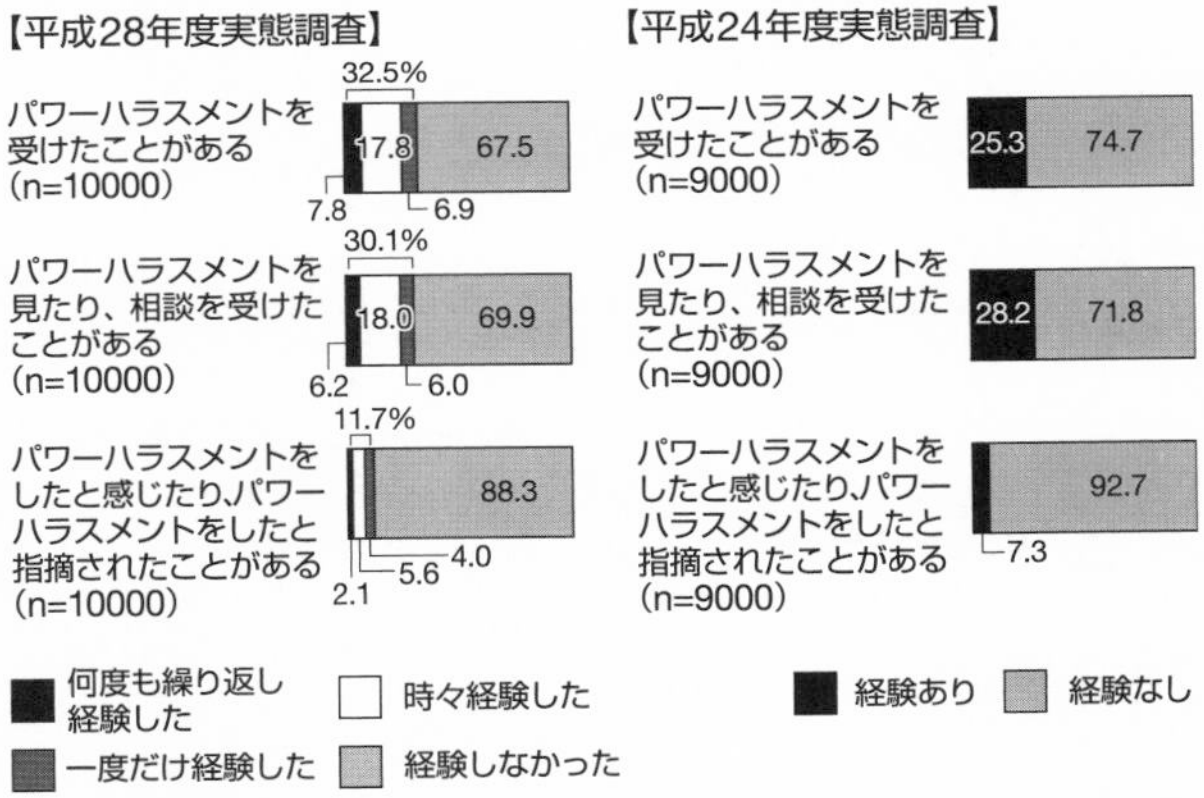


（平成28年度厚労省委託事業「職場のパワーハラスメントに関する実態調査報告書」より）

査）は、全国約４６００の企業と、１万人の従業員（公務員、自営業者、経営者、役員を除く、正社員６６５０人・正社員以外３３５０人）から回答を得た大規模な調査であるが、それによると過去３年間にパワハラを受けたと感じたことがあるとした回答者は32・５％に上り、２０１２年度の同様の調査結果である25・３％から増加している。この調査では、約３人に１人はパワハラを受けたと感じたことがあるということになる。

　また自分がパワハラをしたと感じたり、パワハラをしたと指摘されたという回答者は11・7％と、これも増えている（図2）。

## 言葉の定着

日本でハラスメントという言葉が使われだしたのはセクハラからだった。1970年ころにアメリカで生まれたセクハラという考え方が80年代になって日本でも広がった。1990年代になって福岡セクハラ訴訟をはじめとする裁判が社会の注目を集めた。これらのことがきっかけとなって、日本でもセクハラという言葉が定着した。

その後、会社や大学ではセクハラについての規程や防止対策がとられるようになった。セクハラによる懲戒処分や裁判も急に増えた。

2006年には男女雇用機会均等法で、事業主に対してセクハラ防止のための雇用管理上必要な措置を義務付ける規定が設けられ、職場でのセクハラについての措置義務化が実現した。

ではその後のセクハラ対策が十分かというとそうではない。財務省の次官によるセクハラ事件やジャーナリストによるセクハラ裁判など、職場でのセクハラ事件は後を絶たない。最近では、こともあろうに内閣府男女共同参画会議議員のアパレル会社社長がセクハラ事件を起こしていたと報じられた（「週刊新潮」２０２０年3月12日号）。セクハラ根絶のための対策はいつまでたっても進まない。

### 被害者はすぐには声が出せない

会社はなぜハラスメント被害に対して相談窓口を作ってまで対応しなければならないのだろうか。

ある人が道を歩いていたとき、向こうからきた人にいきなり突き飛ばされたとする。その人はすぐに１１０番するだろう。では、ある社員が上司から仕事のミスで叱責されて突き飛ばされたとする。その社員はすぐに１１０番をするだろうか。どちらも暴行罪に当たる。しかし上司から突き飛ばされた社員がすぐに１１０番することはまずないだろう。

見知らぬ相手から受けた暴力には声は出せるが、会社で受けた上司からの暴力にはすぐに声を出せない。それは会社の場合はその後の人間関係などを考えるからである。

このように職場での被害にはすぐには声が出せない。かといって会社内で暴力を放置してよいはずがない。そのため会社はハラスメントの相談窓口を作って対応しなくてはならないのである。

これは単に社会正義云々の問題ではない。ビジネスの観点から見ても、そのような問題を放置することは、決してプラスにはならない。会社のイメージ悪化、社員のモラルハザード等、いくらでもマイナス点は挙げられる。

ハラスメントの被害は一般に思われている以上に深刻である。私の経験では、ハラスメントの法律相談に来た被害者が、被害のことを話しているときに過呼吸になって倒れたことがあった。被害が深刻な場合は、何年も経ってからフラッシュバックすることもある。上司から言われて傷付いた言葉がいつまでも脳裏から離れないことは決してまれなことではない。

ケースによっては、被害者が自らの命を絶つという絶対にあってはならないことが起きてしまう。テレビ番組に出演していた女子プロレスラーの木村花さんがネット中傷を受けて自殺したと報道されている。この事件はＳＮＳを使った悪質なハラスメントが生んだ悲劇である。

## いつ加害者・被害者になるかわからない

もうひとつの特徴は、誰もがいつ何時ハラスメントの加害者になるかもしれず、また被害者になるかもしれないということだ。

管理職として部下に普通に指示指導していても、ある日突然、部下から、「それってパワハラじゃないですか」と言われる。しかしそう言われても、なぜそれがパワハラになるか全く理解できない。かといってパワハラに当たらないことを説明できない。こうしていつ何時加害者とされるかわからない。

自分としては部下に対していじめや嫌がらせをする意図もないし、特に大変な仕事を任せたつもりでもない。部下は喜んで仕事をしてくれた。しかし結果としてパワハラになることがある。自分ではそのつもりはなくてもパワハラをしていることも起こる。こうしていつ何時加害者になるかわからない。このような**無意識ハラスメント**が起きてしまうことがある。

逆に管理職が被害者になることもある。ふだんは普通に仕事をしていたのに、新しい上司が来てその上司からいじめや嫌がらせを受けて会社にも行けなくなるほどの深刻な心の病を抱えてしまう。本人も自分がここまでメンタル不調になるとは思えないほどのことが起こる。

このように、いつ加害者になり被害者になるかがわからないのがハラスメントのこわさである。

## パワハラという言葉に要注意

パワハラという言葉は、２００１年ころから、職場での優位性を背景とするハラスメントについて広く使われるようになった和製英語である。

問題は、この言葉が職場におけるハラスメントをすべてカバーしているのではなく、あくまでパワー（優位性）に基づくハラスメントしか対象にしていないことである。

パワハラという言葉自体が悪いわけではない。しかし一般には、この言葉で職場のハラスメントをすべてカバーしているように間違って理解している人が多い。

## 職場のハラスメント

外国では、職場でのいじめ・嫌がらせは、職場のハラスメントとして統一的にとらえ、パワーという限定はつけていない。

例えば、フランスの労働法では、

「いかなる労働者も、その権利及び尊厳を侵害し、身体的若しくは精神的健康を損なわしめ、又はその職業的将来を危うくさせるおそれのある、労働条件の毀損を目的とし、又はそのような結果をもたらす精神的ハラスメントの反復した行為を受けてはならない」（石井保雄「フランス法における「精神的ハラスメント」とは何か――その概念理解について」『季刊労働法』２１８号・２００７年）

とされている。ここにパワーという限定はない。

国際的にもやはりパワーという限定はない。２０１９年６月に国際労働機関（ＩＬＯ）で採択された「職場の暴力とハラスメントの撤廃に関する条約」も、条約の名称は Violence and Harassment Convention であり、ここに power という言葉はない。

この条約での職場のハラスメントの定義も、

「一回限りのものであるか反復するものであるかを問わず、身体的、心理的、性的又は経済的損害を目的とし、又はこれらの損害をもたらし、若しくはもたらすおそれのある一定の容認することができない行動及び慣行又はこれらの脅威をいい、ジェンダーに基づく暴力及びハラスメントを含む」（ＩＬＯ駐日事務所）

となっていて、ここにもパワーという言葉はない。

大和田敢太・滋賀大学名誉教授はEUの例を示してこう言う。
「EUでは、交通機関における乗客による暴力、医療機関における患者からの暴力、教育現場における生徒・保護者からの暴力・クレームなども「外部的ハラスメント」として ハラスメントに位置づけられ、規制の適用範囲に含まれる。パワハラ概念では、第三者によるハラスメントは対象範囲から逃れてしまい、職場におけるハラスメントの全体を包含できなくなっているのである」（大和田敢太『職場のハラスメント』中公新書・2018年）

このように、海外では、職場のハラスメントは、パワーによるものに限定することなく、職場外の者からのものも含め広く労働者の安全という観点から定義されている。

相手が不快というだけでは

相手が不快に感じればパワハラだと言われることがある。しかしこれは誤解である。そうではなく、上司からの指示や指導が業務上必要かつ相当な範囲であれば、たとえ部下が不快に思ってもパワハラにはならない。

しかしパワハラはそうであっても、セクハラは違う。相手が不快と感じたときはセクハラになる。それは定義を比べてみるとわかる。

パワハラ防止法では、後でも述べるが、パワハラの定義は、**「職場において行われる優越的な関係を背景とした言動であって、業務上必要かつ相当な範囲を超えたものによりその雇用する労働者の就業環境が害されること」**となっている。

他方、セクハラの定義として、例えば人事院規則では、**「他の者を不快にさせる職場における性的な言動及び職員が他の職員を不快にさせる職場外における性的な言動」**（人事院規則10－10）となっている。

この両者の定義を比べてまず気がつくことは、パワハラには「業務上必要かつ相当な範囲を超えた」という要件があるが、セクハラにはこの要件がないことである。

ということは、定義上、セクハラは相手を不快にさせればセクハラになるが、パワハラは上司の言動が業務上必要かつ相当な範囲を超えなければ、たとえ相手が不快になってもパワハラにはならないということである。

仕事で部下に指示をしたとき不快になる部下はいくらでもいる。もし相手が不快になればパワハラになるとすると、仕事を指示して部下が不快になればそのたびに上司はパワハラをしていることになってしまう。そうなると、上司は部下のごきげんをうかがって、部下が不快にならないように気を使った指示しかできない。そのようなことは日常業務では不可能である。

このような定義の違いを頭に入れておかないと上司は必要以上におびえることになる。

## セクハラは不快性だけで

なぜセクハラは不快性だけで成立するのだろうか。その理由のひとつは業務との関連性にある。

相手を不快にさせるような性的な言動は業務とは何の関係もない。というより業務に入ってきてはいけないものである。そのため、とにかく相手が不快と感じたらストップをかけて水際で侵入を防いでいるのである。

ここでよくある疑問が出てくるだろう。先に挙げた「なんでもかんでもセクハラって、一体なんなんだよ。じゃあ女とは一言も話せないね」という市議の発言である。

この疑問は、セクハラの成立とセクハラの責任とを分けて考えないことからくる誤解である。

つまり相手が不快になればセクハラになるとしても、その言動をしたことでどこまで責任を負うかは別だということである。この責任というのは具体的には会社が懲戒処分などを科すことを言う。

セクハラの責任は、職場での平均的労働者がその言動で不快と感じるかどうかで判断される。もし平均的労働者が不快になるとは言えない場合はセクハラの責任までは負わない。

市議の「銀座のクラブのママ」発言はどうだろう。この市議の発言は、もちろん状況によるが、平均的な基準で見たとき、言われた相手は不快に感じるだろう。となればその発言はセクハラとして責任があることになる。

例えば上司が女性の部下に、「その服、似合ってるね」と言ったが、その女性はとにかく服装のことを言われること自体が不快だとする。このときにはその女性にとってこの上司の発言はセクハラであるが、上司にセクハラの責任まではないだろう。こう言われて喜ぶ女性もいるからである。

もし上司が、女性が不快に感じたことを知ったときには、「そうだったのか申し訳ない。不快とは知らずに言ってしまった。これからは言わないようにする」と言えば、ひとまずはよいだろう。

ただ相手が不快に感じたことを知った以上は、同じような言動をしてはいけない。その場合は、平均的労働者が不快と感じない言動であっても、相手がやめてほしいということを知った上での言動なので責任が生じる。

パワハラとセクハラにはもうひとつ定義に違いがある。それは、セクハラには優位性つまりパワーという言葉が入っていないことである。

先にも書いたように、そもそも職場のハラスメントは、パワーのある場合に限定されていない。セクハラも職場のハラスメントのひとつなので、パワーのある場合に限定されていないのである。

ただ、職場のハラスメントの中で、パワハラとしてパワーをともなうハラスメントを対象にしたために、パワハラには優位性つまりパワーという言葉が入ってきたのである。

もっとも、セクハラではパワーを利用したセクハラもある。例えば上司の立場を利用して部下に性的関係を迫るというのが典型例である。このような場合には上司がその立場を利用したということから責任が重くなる。

このように、パワーはパワハラの成立要件であるが、セクハラでは責任加重要件になるということになる。

さまざまなハラスメント
ある人が数えたら、ハラスメントと言われているものは50以上あるということだが、一般にハラスメントとされているものをいくつか取り上げてみよう。

**①ジェンダー・ハラスメント**
ジェンダー・ハラスメントとは、固定的な性別役割分担意識に基づくハラスメントのことである。男はこうだ女はこうだと決めつけるハラスメントと言ってもよい。

女性社員にお茶くみをさせたり、宴会でお酒を注がせたりするというのが典型例である。「女性は早く結婚した方がいい」とか「女には仕事を任せられない」といった発言や、男性社員に対して、「男のくせに根性がない」とか「お前それでも男か」と言うのもこの例である。

それ以外に、女性をちゃん付けで呼ぶとか、「ウチの女の子」や「おばさん」と言うこともハラスメントになる。逆に女性が男性に、「僕ちゃん」とか「じじい」と言ったり書いたりするのも相手を不快にさせるだろう。

このハラスメントは日常的に意識のないままに起きるためついつい見過ごされがちであるが、軽く見てはならない。言った側は軽口のつもりでも、言われた側の不快感は言った側の予測を超えることが多い。また、ジェンダー意識が欠けている経営者や管理職は大きなセクハラ事件を起こしてしまう可能性もある。

昔ながらの男女観で生活し教育を受けてきた経営者や管理職はくれぐれも注意すべきである。

**②マタニティ・ハラスメントとパタニティ・ハラスメント**

マタニティ・ハラスメント（マタハラ）とは、職場での妊娠や出産に関するハラスメントを言う。

マタハラとして問題になる言動については、男女雇用機会均等法や育児・介護休業法の改正によって、事業主に対し、職場におけるマタハラにより就業環境を害することがないよう防止措置が義務付けられている。

パタニティ・ハラスメント（パタハラ）は、男性社員が育児休業などを申し出たり、取ったりすることに対するハラスメントである。日本では、男性が育児休業などをまだまだ当たり前のようには取れない雰囲気がある。ここでも、男は仕事、女は出産育児という固定観念が抜けない経営者と管理職は要注意である。

親の介護などについての同様のことはケア・ハラスメント（ケアハラ）と言われることがある。

### ③ＳＯＧＩハラスメント

性的指向・性自認についてのハラスメントを言う。ＳＯＧＩ《ソジ》というのは英語の性的指向・性自認の頭文字を取った言い方である。今まではレズビアン・ゲイ・バイセクシュアル・トランスジェンダーの頭文字を取ってＬＧＢＴハラスメントと言われることが多かったが、最近ではＳＯＧＩハラスメントと言われることが多い。

ＳＯＧＩハラスメントには、「ホモ」「レズ」などと言って相手を侮蔑するＬＧＢＴに対するハラスメントだけでなく、「あいつホモじゃないか」というようなＬＧＢＴの憶測なども含まれる。

また他人が本人の同意なくＳＯＧＩを暴露する行為（アウティング）もハラスメントとなる。最近の例では、２０１７年末に東京都国立市がアウティングを禁止する条例を制定し、２０２０年６月に三重県がアウティングを禁止する条例を制定する方針を表明するなどの動きも広がっている。

ＳＯＧＩハラスメントについては、２０１６年に男女雇用機会均等法のセクハラ防止指針が改正され、ＬＧＢＴ社員の意に反する性的な言動がセクハラに含まれることが明記された。またパワハラ防止法の指針でも、パワハラの例として「相手の性的指向・性自認に関する侮辱的な言動を行うこと」などが挙げられた。

これらによって事業主はＳＯＧＩハラスメントの防止と対応が義務付けられている。

**④カスタマー・ハラスメント**

カスタマー・ハラスメント（カスハラ）とは、顧客や取引先からのハラスメントのことである。クレーマー・ハラスメントと言うこともある。これには、カスタマー・パワハラとカスタマー・セクハラがある。

カスタマー・ハラスメントと言われるのは、顧客や取引先という優位性（パワー）を背景にした言動によって受け手に大きな精神的苦痛を与えるからである。

顧客については、飲食店や販売店などでは日常的に被害がある。駅員が乗客から怒鳴られているのを見た人も多いだろう。公務員が住民や政治家から無理な要求をされることも少なくない。

また取引先については、相手が取引先であるがゆえに、会社は「取引先を怒らせてはいけない」との一言で対応しないことが多い。それどころか「怒らせたお前が悪い」となることもある。そのため被害者は行き場をなくし、時にはメンタル不調で苦しむ。

取引先との懇親会などで取引先の社員から女性社員がセクハラを受けるケースも少なくない。女性社員は上司から「それくらい我慢しろ」と言われてさらに傷付く。

中小企業の経営者も被害者になることがある。取引先の会社の担当者から怒鳴られたり、下請けとして過剰な取引条件を受けるように強要されたりして大きな精神的苦痛を受けるのがパワハラになることがある。最近の例で言えば、新型コロナによる強引な取引の打ち切りに伴う言動がパワハラに当たる例も少なくないだろう。

このような顧客や取引先からの被害は経営者、管理職も含めあらゆる社員に及ぶ。中でも管理職は責任者として事態を収拾せよと言われて、部下を守らなくてはならず、しかし顧客や取引先を怒らせてはならずと大きなストレスを抱え込むことが多い。

カスハラの被害は深刻である。2019年度の精神障害による労災申請で、「顧客や取引先から無理な注文を受けた」「顧客や取引先からクレームを受けた」という理由で労災支給決定を受けた件数は9件であったが、そのうち4件は自殺例（未遂を含む）であった。

最近は、直接の言動ではなく、ネットでの誹謗中傷などの被害も起きている。顧客が、応対した従業員をネットで誹謗中傷するのである。誤った情報でも、ネットではあっという間に情報が拡散し、書き込んだ側の主張が正しいと思い込まれてしまう。こうなれば事態は非常に深刻である。

介護の現場での利用者によるハラスメントも深刻な問題になっている。2019年3月の調査報告書（三菱総研「介護現場におけるハラスメントに関する調査研究報告書」）によれば、これまでに、介護サービスのうち、利用者からハラスメントを受けたという割合が最も多いのは介護老人福祉施設で、70・7％にも及んでいる。

このように被害が深刻化しているにもかかわらず、パワハラ防止法はカスタマー・パワハラを事業主に対する措置の義務付けの対象にせず、指針において、単に雇用管理上の配慮が望ましいとしかしなかった。その理由は、顧客のクレームは、どこからが迷惑行為に当たるかの判断が難しいからという（2019年4月19日衆議院厚生労働委員会・根本匠厚労大臣答弁）。しかしクレームとして明らかに不当だとの判断ができないわけではないから根拠としては十分ではない。

法律が事業主に対して措置を義務付けなかったとしても、第3章の会社の責任で述べるように会社には**安全配慮義務**といって社員の安全を守るべき義務がある。会社はカスタマー・パワハラの加害者に対しては毅然と対応し、社員の安全を守らなくてはならない。

カスタマー・セクハラについて男女雇用機会均等法は、事業主に自社の社員が顧客や取引先からセクハラ被害を受けたときの雇用管理上必要な措置を義務付けている。つまり、他社の社員から受けた自社の社員のセクハラ被害には、他社に対して調査を求めるなど必要な措置をとらなければならない。

また2019年5月の男女雇用機会均等法の改正で、事業主は自社の社員が他社の社員にセクハラをしたときには、他社が行う雇用管理上必要な措置に協力すべき努力義務も規定された。つまり、自社の社員が他社の社員に対してセクハラをしたときには、他社の調査などに協力しなければならないのである。
なお巻末の判決例1－⑦は、小学校の教諭が保護者から受けたクレームへの校長の対応が教諭に対するパワハラとされたケースである。

**⑤就活ハラスメント**

就活ハラスメントとは、主に学生の就職活動において、採用する側の会社の社員が、優位性（パワー）を背景にした言動によって学生に対して身体的・精神的苦痛を与えることである。

就活ハラスメントは、社員が社員以外の相手にハラスメントをする場合である。このような社員以外の相手に対する例は他にも多くある。取引先の社員やフリーランスなどに暴言や威圧的なことを言う場合も相手は社員以外なので同じである。

前述のカスタマー・ハラスメントは、加害者側の会社から見ると、社員以外の相手に対するハラスメントである。

就活ハラスメントにも、就活セクハラと就活パワハラがある。

就活ハラスメントにも悪質なものが多い。２０１９年2月には、大手ゼネコンの社員がＯＢ訪問に来た女子学生にわいせつ行為をしたとして逮捕されたという事件があった。これは犯罪なので論外であるが、面接時に、「彼氏はいるか」とか「結婚、出産したときはやめるのか」などの質問をするというのも就活セクハラとしてアウトである。

就活については、内定先から就活をやめるように強要されるという終われハラスメント（オワハラ）もある。

このように就活ハラスメントについてはさまざまな被害例があるが、パワハラ防止法はこれも社員間のことではないとして就活パワハラを義務付けの対象からはずした。カスタマー・パワハラと同様、指針で、雇用管理上の配慮が望ましいとだけしかしなかったのである。

就活ハラスメントやフリーランスに対するハラスメントの被害者は個人であり、会社に所属していない。このことで別の問題がある。

それは、被害者が会社に所属する場合は、会社が前面に立って加害者が所属する会社に調査や処分を求めることができるが、就活生やフリーランスは企業に所属していないので個人でやるしかない。いわば孤軍奮闘しなければならないということだ。

このような就活生やフリーランスのことを考えると、加害者が所属する会社に、被害者に対して必要な対応をするよう法的に義務付けなければ被害はいつまでたってもなくならないだろう。

### ⑥アカデミック・ハラスメントとスクール・ハラスメント

アカデミック・ハラスメント（アカハラ）とは、大学などの教育研究機関において、教員と学生間などの教育あるいは研究において優位な立場にある者によるハラスメントを言う（井口博・吉武清實『アカデミック・ハラスメント対策の本格展開』高等教育情報センター・2012年）。

パワハラは職場における優位性であるのに対し、アカデミック・ハラスメントは教育研究における優位性であることに違いがある。

このアカデミック・ハラスメントも大学などが規程を作ってその防止体制を整えているが、なかなか対策が進まない。とりわけ学生が被害者の場合には、声を上げると就職に不利になるとか、4年間辛抱すればよいなど、職場とは違う心理が働くことが対策を遅らせる原因のひとつとなっている。

スクール・ハラスメント（スクハラ）は、主に小学校、中学校、高校などの教員による児童や生徒に対するハラスメントを言う。スクール・セクハラの現状と対策については、私も寄稿している内海崎貴子ほか『スクール・セクシュアル・ハラスメント』（八千代出版・2019年）に詳しい。

部活動などでスポーツ指導者や先輩による体罰などのパワハラもたびたび起きており、その都度大きな社会問題として取り上げられている。この背景には部活動での勝利至上主義や旧態依然とした先輩後輩の序列主義がある。この種のハラスメントは学校関係者らがこのような背景を主体的に変えていこうとしない限り減ることはないだろう（山田ゆかり『子どもとスポーツのイイ関係』大月書店・2019年）。

**⑦ソーシャル・ハラスメント**

SNSなどのソーシャル・メディアを使った誹謗中傷などのハラスメントをソーシャル・ハラスメント（ソーハラ）と言う。いわゆるネット中傷である。

ネット中傷として特にSNSによる被害が増えており、前述の木村花さんの事件をきっかけにSNSによるネット中傷についての対策がとられようとしている。しかしネット中傷に対しての被害回復の方法は簡単ではない（詳しくは第10章参照）。

ネット中傷には、部下から管理職への中傷だけでなく、顧客からの中傷も少なくない。これは先に述べたカスハラのひとつである。

ネット中傷のもうひとつの特徴は、会社が標的になることが多いことである。その意味では会社も被害者となるハラスメントと言ってよいだろう。

私はネット中傷の法律相談を受けることも多い。相談内容としては発信者の特定を依頼されることが多いが、特定手続以前に、その書き込みが違法かどうかという判断に迷うことも少なくない。

医師から相談を受けたケースで、以前診察をした患者が、「医師の対応が不親切だった」とネットに書き込んでいるが、事実無根だという相談だった。しかし対応が不親切かどうかというのは、レストランの料理がおいしかったかどうかと同じように、その人の感じ方に関わることなので、その書き込みを事実無根と断定することは難しい。私はその医師に、名誉毀損と言えるかは微妙であることを伝えて発信者の特定手続はとらなかった。ただこのような書き込みには書き込まれた側の反論を掲載するのが公平と言うべきだろう。

ネット関連では、上司から部下へフェイスブックでの友達申請の承認を強要するといったハラスメントもある。

**⑧レイシャル・ハラスメント**

レイシャル・ハラスメント（レイハラ）とは、人種、民族、国籍などを理由とするハラスメントを言う。肌の色やルーツについての差別的な言動も含まれる。欧米はこの差別問題に非常に敏感である。

２０１７年に法務省が発表した在留外国人を対象とした「外国人住民調査報告書」によると、過去5年間に差別的なことを言われた経験が「よくある」「たまにある」と回答した人が29・８％もいて、言われた相手は「見知らぬ人」が53・３％であるが、「職場の上司や同僚・部下、取引先」も38％あった。

日本でも最近は外国人労働者の受入れが多くなっている。外国人の文化や風習についての理解がないと、このハラスメントは防げない。

これからの経営者や管理職は特に、多様な文化、習慣の理解と認識が必要となってくる。

**⑨その他のハラスメント**

これら以外には、**モラハラ、テクハラ、アルハラ、ハラハラ**などがある。

**モラハラ**（モラル・ハラスメント）は、会社や家庭などでの主に言葉による精神的な暴力のことを指す。会社ではパワハラに含まれることが多い。家庭内では夫婦間での乱暴な言動、無視などが代表例である。

**テクハラ**（テクノロジー・ハラスメント）は、パソコンやスマホなどのＩＴの知識のない相手に対してわざと使い方を教えなかったり嘲笑したりするハラスメントである。例えば上司がパソコンの使い方をよく知らない部下に、「こんなことも大学で教わらなかったのか」と言ったり、逆に部下がＩＴにうとい上司に、リモート会議のやり方をわざと教えなかったりするのがこれに当たる。

**アルハラ**（アルコール・ハラスメント）は飲酒の強要である。会社の新入社員歓迎会や懇親会などで起こることがある。無理な飲酒が急性アルコール中毒を引き起こし死亡することもあるので、このようなことは決してしてはならない。

これら以外にもハラスメントと名付けられたものが多くある。ただ、中には単なるマナー違反をハラスメントと名付けているだけのものもある。

何でもかんでもハラスメントとして主張することを**ハラハラ**（ハラスメント・ハラスメント）と言う。何でもハラスメントとするのは、かえって相手とのコミュニケーションを取りづらくしてしまう。嫌なことをとにかくハラスメントと名付ければよいということではない。

# 第2章　ウィズコロナ時代のハラスメント

## 新型コロナ感染についてのハラスメント

新型コロナは、世界や日本の経済だけでなく、社会のありとあらゆるところに大変な影響をもたらしている。

日本では、２０２０年5月に緊急事態宣言が解除されたが、その後の感染の拡がりがどのようになるかまだ予断を許さない。

このような状況の中で、われわれはアフターコロナではなくウィズコロナ時代を生きていかざるを得ない段階に入っている。

このウィズコロナ時代の職場で、今までにないハラスメントが起きている。

それは大きく分けると、新型コロナの感染に関する言動についての**新型コロナ・ハラ**

**スメント**（コロハラ）と、新型コロナで急速に広がった**テレワーク・ハラスメント**（テレハラ）である。

まず新型コロナ・ハラスメントについて考えよう。

新型コロナの感染者の数が毎日発表される。そのたびにどこで感染者が出たのか、自分の住んでいるところはどうなのかなど不安は募るばかりである。

経営者や管理職にとっては、感染者が自分の職場から出たらどうすればよいのだろう、それを防止するにはどうしたらよいのだろうといったことが心配になる。社員の方も、職場に感染者が出たら会社を休めるのか、給料はどうなるのか、もし自分が感染したらどうなるのかなどと心配は尽きない。そのような中でハラスメントが起こる。

職場で、社員やその家族に感染者が出たときに行き過ぎた言動があるとパワハラになる。

例えば社員の家族に感染者が出たとき、その社員は出社したいのに経営者が会社に来るなと命令することはどうだろう。結論としてはハラスメントにはならない。新型コロナは感染者との濃厚接触によって拡大するから自宅待機命令を出せる。

では、単に発熱があるだけの社員に会社に来るなと言うのはどうだろう。微妙ではあるが、新型コロナの感染が収まらない状況下で、他の社員への感染防止のために自宅待機命令を出してもハラスメントにはならないだろう。

経営者や管理職としては、新型コロナの感染が「夜の街」で広がっているので、社員がプライベートで繁華街に飲みにいくのを禁止したとする。これはハラスメントだろうか。

会社は社員に対する安全配慮義務があり、社員が安全な環境で働けるようにしなければならない。そのために新型コロナの感染防止に全力を尽くさなければならないという面はある。しかしこのように私的な飲食までも禁止するのはハラスメントになるだろう。

社員全員に、平熱かどうかなどの健康情報の提出を義務付けるのはどうだろうか。新型コロナの感染を防止するためであれば、このような個人情報であってもそれを提出させることはハラスメントにはならない。ただ、体温そのものまでを毎日提出させるのは行き過ぎになるだろう。プライバシーの侵害に当たるからである。

### テレワークと在宅勤務の広がり

テレワークというのは、直訳すれば「離れたところでの労働」であり、ＩＴを使って場所や時間にとらわれずに働くことである。

パーソル総合研究所が全国2万5000人を対象にした「新型コロナウイルス対策によるテレワークへの影響に関する緊急調査」（2020年4月10〜12日）では、テレワーク実施率は27・9％にもなった。

テレワークが広がって在宅勤務も増えた。2020年4月7日の緊急事態宣言が出される前に行われた国土交通省の「テレワーク人口実態調査」（3月9、10日に実施）では、在宅勤務率は12・6％であった。それが緊急事態宣言後には増えて、日本生産性本部が5月11日から13日にかけて会社勤めの1100人を対象にした調査では、29％（319人）が在宅勤務だった。

今後、働き方がコロナ以前の状態に完全に戻ることはないだろう。この日本生産性本部の調査では、在宅勤務などをしている人の約6割が新型コロナ収束後もテレワークを続けたいと回答している。テレワーク時代が始まったと言える。

## テレワークには限界がある

テレワーク時代の始まりということで、時流に乗り遅れるなと世の中は大変な勢いである。もちろん、テレワークは、ワークライフバランスを図る観点から積極的に導入すべきではある。しかし、テレワークは世間で言うほどすべてバラ色ではない。こんなことを言うと時代遅れと言われそうだが、そのようなことはない。それほど生産性が向上するというのなら、コロナ以前からもっと導入されていたはずだ。テレワークには当然ながら限界がある。

まずテレワークを導入できる企業とできない企業がある。工場や飲食店はそもそもテレワークに向いていない。それ以外にもさまざまな問題点がある。

経済同友会の105社へのアンケート調査結果（2020年4月20〜24日）では、ほぼすべての会社でテレワークが実践されているが、課題として、「込み入ったやりとりは、在宅勤務では難しい」「テレワークによる生産性の低下に対する抜本的な働き方改革」などが挙げられている。この回答の中の「込み入ったやりとりが難しい」、つまりコミュニケーションがとりづらいというのは、テレワークがもつ最大の問題点だろう。

テレワークが増えてくると、直接会うことが減り、上司と部下のコミュニケーションのレベルは大きく低下する。コロナ以前であれば、上司と部下が顔を合わせ、お互いのその日の気分や体調も見ながら仕事ができた。しかしテレワークとなるとそうはいかない。机を並べていないので、上司と部下でお互いの状態がよくわからない。

テレワークのひとつとして、ＺｏｏｍやＴｅａｍｓといったアプリを用いたテレビ会議がよく取り上げられる。しかし、会社はいつも会議をしているわけではないから、在宅や社外で業務をしている部下の様子はわからない。労務管理として、パソコンの前からの離席状況を記録するという会社があるようだが、そのような監視体制で業務のモチベーションが上がるかは疑問である。

## 新たなハラスメント「テレハラ」

このような問題点をかかえたテレワークであるが、今まで想定されなかった新たなハラスメントが出てきた。テレワーク・ハラスメント、テレハラである。テレハラは、リモートワーク・ハラスメント（リモハラ）と言われることもある。

実例としては、テレワークをしている社員から、「上司に、カーテンの模様がかわいいねと言われた」「オンライン飲み会に一部の人だけが呼ばれる」「子供がうるさいから黙らせろと言われた」「見えないところでさぼってないだろうなとか、服装がだらしないと言われた」というようなケースが報告されている。

このような画面に映った部屋の様子を指摘することは、部下のプライバシーを侵害し不快感を与えるのでセクハラ、パワハラになりうる。

「子供がうるさいから黙らせろ」というのも、時と場合によるので一概に問題だとも言い切れないが、乱暴すぎる言い方は部下に不快感を与えるだろう。

さぼってないだろうなとか、服装のことを指摘するのも、行き過ぎた言動として部下に不快感を与えるのでパワハラになる可能性がある。

## なぜテレハラが出てくるのか

このようなテレハラが出てくるのは、先に挙げたテレワークの問題点に関係している。

まず、在宅勤務によって部下の部屋などのプライバシーに関わるハラスメントが生じやすい。それは自宅といった私の部分が会社の仕事という公の部分に関わるからである。上司には公と私の区別意識が必要である。

もうひとつは部下との十分なコミュニケーションがとれないことに原因がある。

まず部下が職場にいないので、画面から離れるとその時間に部下がどのようにしているか様子がわからない。

例えば、今までであれば部下が机に向かって仕事をしているのを見ているのでよいが、テレワークだと部下が見えないので、その仕事が不十分だと思った上司は部下が家でさぼっていたのではないかと疑ってしまう。そうすると上司から「見えないところでさぼっていただろう」という言葉が出てきて、ずっと仕事をしていた部下に不快感を与えてしまうことになる。

それ以外にも、ＩＴ機器の扱いがうまくできない部下を業務からはずしたり、逆に部下がＩＴにうとい上司をばかにするような言動をしたりするテクハラも起きるだろう。

## 経営者と管理職は何に注意すればよいのか

では、このようなテレハラを起こさないようにするために経営者と管理職はどんなことに注意したらよいのだろうか。

要は前に挙げたことが起きないようにすることなのだが、第一に必要なことは、上司としては勤務という公的な部分だけに関わるという意識である。つまり、在宅でのテレワークでの私的な部分であるプライバシーに注意することである。

例えば「カーテンの模様がかわいいね」というのは、言った方からすると素敵とほめているのに、なぜハラスメントなのかと思うかもしれない。しかし自分の部屋はプライベートな空間であり、言われた方は自分の部屋を見られたという意識の方が強い。「部屋が片付いていない」というのも、やはりプライベートについての指摘なので避けるべきである。管理職としては親しみをこめた軽口のつもりでも、言われた方にショックを与えることを十分に認識しておく必要がある。

次に必要なことは働き方についての理解である。テレワークという働き方では、上司が部下を信頼することが前提になる。その信頼がないと「見えないところでさぼっていただろう」というセリフが出てしまう。

新時代の新しい働き方に合わせて、テレワークにおいては今以上に経営者と社員、管理職と部下との信頼関係を構築しなければならない。人間関係とコミュニケーションが今以上に必要になるということである。

京都大学の若林直樹教授も、テレワークが成功するかどうかのポイントは、リーダーと部下とのコミュニケーションと信頼関係の強化であると言っている（「日本経済新聞」2020年8月11日付朝刊）。

最後にひとつ注意すべきことがある。画像や文字など上司と部下のやりとりの記録が残ることである。これはテレワークに限ったことではなく、これまでもメールなどでのやりとりは記録に残っていた。ただテレワークが広がると、それだけ記録に残ることが多くなるのは間違いない。

このことはハラスメントについて言えば、それだけやりとりが証拠になって残るということを意味する。テレワーク時代では画像やメールなどのやりとりは感情的になることなくより慎重にしなければならない。

# 第3章　アウトとセーフの事例を理解する

## 6つの行為類型

まず、パワハラに当たる行為にはどういうものがあるのかを知っておこう。

厚労省は、2011年から「職場のいじめ・嫌がらせ問題に関する円卓会議」（以下、円卓会議）を開催し、2012年にそのワーキング・グループが報告書を出した（以下、ワーキング・グループ報告書）。そこではパワハラを6つの行為類型に分類した。この報告書以降、この6類型がパワハラの典型例として使われるようになっている。

それは次のようなものである。

**①身体的な攻撃**　暴行・傷害

**②精神的な攻撃**　脅迫・名誉毀損・侮辱・ひどい暴言
**③人間関係からの切り離し**
　隔離・仲間外し・無視
**④過大な要求**　業務上明らかに不要なことや遂行不可能なことの強制・仕事の妨害
**⑤過小な要求**　業務上の合理性なく、能力や経験とかけ離れた程度の低い仕事を命じることや仕事を与えないこと
**⑥個の侵害**　私的なことに過度に立ち入ること

具体的にどういう行為があるかについて、厚労省の2016年度実態調査の回答内容をこの6類型にあてはめると次のようになる。

**①身体的な攻撃**
・カッターナイフで頭部を切り付けられた
・唾を吐かれたり物を投げつけられたりした
**②精神的な攻撃**
・いること自体が会社に対して損害だと大声で言われた

・全員が閲覧するノートに個人名を出して能力が低いと罵られた

**③人間関係からの切り離し**

・職場での会話での無視や飲み会などに誘われない
・他の部下には雑談をするのに、自分とは業務の話以外しない

**④過大な要求**

・多大な業務量を強いられ、月80時間を超える残業が継続した
・絶対にできない仕事を管理職ならやるべきと強制された

**⑤過小な要求**

・故意に簡単な仕事をずっとするように言われた
・一日中掃除しかさせられない日々があった

**⑥個の侵害**

・出身校や家庭の事情をしつこく聞かれた
・接客態度が固いのは彼氏がいないからだと言われた

どの回答も被害は深刻である。しかしこれは実態の一部でしかない。中でも、④過大な要求の「絶対にできない仕事を管理職ならやるべきと強制された」というのは管理職なら誰でも大なり小なり経験しているのではないだろうか。

この6類型の回答にはないが、採用、配置転換、人事評価、昇格昇任、退職勧奨など

の人事に関することも職場のハラスメントとして現れることが多い。

なお2020年6月に施行された国家公務員に関する人事院規則については第5章で詳しく書いているが、人事院規則の指針では、パワー・ハラスメントになり得る言動として、①暴力・傷害、②暴言・名誉毀損・侮辱、③執拗な非難、④威圧的な行為、⑤実現不可能・無駄な業務の強要、⑥仕事を与えない・隔離・仲間外し・無視、⑦個の侵害という7類型にまとめている。実態としてはこちらの方がぴったりくるかもしれない。

### どんなことがアウトなのか

では具体的にどのような発言や行為がパワハラとしてアウトとされているのかを、これまでの判決例や私が扱ったケースなどから見てみよう。

#### ①暴力行為

●上司のAは、部下であるBの自分に対する態度が悪いと言って、Bの胸ぐらをつかんで顔面を数回殴打した。

これは誰が見てもパワハラであるが、それ以前の問題として暴行罪という犯罪になる。暴行罪でも軽く見てはいけない。刑法には2年以下の懲役もしくは30万円以下の罰金等に処するとある。起訴されて罰金刑でおさまっても前科一犯となる。

もしBが怪我をしていたら傷害罪である。傷害罪となると、刑法では15年以下の懲役または50万円以下の罰金に処するとある。示談ができないと起訴され、重い傷害の場合は略式裁判ではなく正式裁判になる可能性が高い。そうなると法廷に出頭しなくてはならなくなる。

判決例や懲戒処分例には、書類で頭を叩いたという例のほかに、カッとなって相手の首を絞めたという、まかり間違えば殺人になるような危険なものまである。

頭に血が上って暴力に及ぶというケースには共通点がある。それは相手の反論や反抗である。人は、自分より下と思っている相手が逆らってくると感情のコントロールを失い、それが暴力につながる。

傷害罪については怪我だけでなく、精神疾患を発症させることも傷害になることに注意が必要である。最高裁は、心的外傷後ストレス障害（ＰＴＳＤ）を発症したときも傷害に当たるとしている（最高裁2012年〈平成24年〉7月24日決定）。ということは、パワハラで相手がPTSDになったときには傷害罪に問われることもあるということになる。

●取引先のAは、取引の内容が気に食わないと言って、商談をしていたBに向けて机の上のコーヒーをかけた。

このケースは、取引先によるカスハラである。AはBの身体には触れていない。しかしこれもれっきとした暴行罪である。身体に触れなくても、人に向けて物理力を行使して心理的に影響を与えることは暴行罪になるとされている。相手にめがけて灰皿を投げるのも暴行である。当たらなくても心理的に恐怖感を与えているからである。それ以外には相手につばを吐きかけること、拡声器を使って耳元で大声を出すことなどが暴行とされている。

なお巻末の1-⑨の判決例は、ロケット花火を発射するなどの暴行を加えた例である。

### ②威圧的言動

●上司のAは、ふだんは静かであるが、突然怒り出すのでみんなびくびくしている。あるとき、部下のBが決裁をもらいにいったとき、急に大声になって、「何だこれは！　今ごろ、持ってきてもだめだろう！」と怒鳴った。

これは威圧的言動の典型的なケースである。このような威圧的言動は叱責の際に起こりやすい。相手を叱るときは怒りによって感情のコントロールを失い、大声で怒鳴りがちである。このような言動は受け手の心身への影響が大きいのでまずアウトである。

●上司のAは、部下が作った書類が気に入らないと、いつもその書類を机に何度もバンバンと叩きつけたり、ゴミ箱を蹴ったりする。

このケースは直接的な暴力ではないし、部下をめがけてのものではないので暴行罪とは言えない。ただ犯罪ではないとしても、部下の心身に大きな苦痛を与えるので威圧的言動となり、やはりパワハラとなる。

●コンビニの客Aは、店員であるBの応対が悪いと言って怒り出し、「なんだその態度は」「痛い目にあわせるぞ」と怒鳴った。

これは顧客によるカスハラである。このように相手の身体などに危害を加えることを告げるのは脅迫罪に当たる。刑法では2年以下の懲役または30万円以下の罰金に処するとされている。

Aが、長時間にわたってこのような行為をしたときは、Aに不退去罪や業務妨害罪が成立することもある。

**③人格否定発言**

●上司のAは、営業成績のよくない部下Bに対して、「いるだけでみんなが迷惑している」「お前は会社を食い物にしている。給料泥棒」と言った。

これは判決例にある。このような相手の人格を否定する発言はアウトである。

こうした言動は一回だけでなく何度も繰り返されるのが特徴である。このような言動が続くことで、部下は精神的に疲弊し、自分が生きている価値がないと思い込み、場合によっては自殺にまで追い込まれることがある。

ただこのような発言の背景には、この管理職も会社から過剰なノルマを与えられていることがある。パワハラの連鎖と言われるものである。

また管理職の部下への言動を会社のトップが黙認していることがある。その場合は実態として会社ぐるみということになる。

●上司のAは、部下Bが書いてきた報告書を読んで、「なんだこれは。小学生の文章だな」「新入社員以下だ」と言った。

これも判決例にある。このような能力不足を侮辱するような発言も、人格否定発言としてパワハラになる。

●部下のBは、自分を叱責した管理職のAに対し、「もうあなたに言われても仕事はしません」「あなたは部長の犬だ」と言った。

部下から上司に対しての発言として判決例にある。部下から上司への発言であっても、人格を否定する発言はハラスメントである。

### ④仕事に無関係な言動

●課長のAは部下のBに、しょっちゅう私用を頼む。この前は、課長の娘が行きたいというコンサートのチケットの順番取りだった。きょうは、Aの家族のためにケーキを買いに行かされた。

業務に何の関係もないことをやらせるという公私混同的言動もアウトである。たとえ部下から「わかりました」という返事があったとしても、それが真の承諾とは言えない場合はハラスメントになる。

**⑤長時間にわたる叱責**

●上司のAはねちっこい性格で、いったん叱責をはじめると2時間、3時間はざらである。あるときAは仕事でミスをした部下のBに、就業時間の過ぎた午後5時から3時間もBを叱責し続けた。Bへの長時間の叱責はこれが3回目だった。

叱責が長時間になったり、回数が多かったりすることは受け手の心身への影響が大きいのでアウトである。就業時間を過ぎてまではなおさらである。

巻末の判決例2-⑭は、プレゼンの指摘が1時間になってもパワハラにならないとしている。

### ⑥他の社員のいる場所での叱責

●上司のAは、部下のBが取引先の伝票を間違えて発注してしまったことに対して、わざと大声で、「こういう間違いをするのがいるんだよ、ウチには。恥ずかしくないのかね、こんなミスして」と言った。Aの声は同じフロアの他の社員全員に聞こえた。

このケースは見せしめ的な叱責としてパワハラになる。自覚を促すといっても、他の社員に聞こえるように言うことは受け手に強い精神的苦痛を与えるのでアウトである。

このような場合、叱責を聞いていた他の社員に対しても精神的苦痛を与え、職場環境を悪化させたとしてパワハラになることがある。

直接的言動ではなくても、パワハラを見たり聞いたりした者に対してもパワハラになることがあるので注意が必要である。

#### どういうときがセーフなのか

指針が出されたとき、たくさんの批判の声が上がったが、そのひとつがパワハラに該当しない例を挙げたことだった。それが加害者側の言い訳に使われるという批判である。

そもそもパワハラに該当しない例は、この法律ができる前の2018年の厚労省の検討会報告書に挙げられていた。厚労省がどうしても出したいというなら、この検討会報告書の例をわかりやすい説明を加えて公表すれば十分だっただろう。

事例としてこういう場合は必ずセーフというものを挙げるとすると、ごく日常的な指示指導で問題のない場合ばかりになってしまい、あまり意味がない。

ただセーフとなる要素はいくつかある。それを上司も部下も頭に入れておくことは決して無駄ではないだろう。とはいっても暴行や人格否定発言などは、たとえセーフとなる要素があってもトータルではアウトになる。

### (1) 業務が人の生命や身体の安全に関わるとき

セーフとなる要素のひとつは、業務自体が人の生命や身体の安全に関わる場合である。その典型は医療現場である。医療現場でのミスは人の生命に関わるので、厳しい指示指導がなされても直ちにそれがパワハラとはされないことが多い。

これについては判決例がある。病院の健康管理室で勤務する職員が問診票の入力ミスなど多くのミスがあったので、管理職がその職員に厳しい指摘や指導をしたケースについて、裁判所は、生命・健康を預かる職場の管理職として、医療現場において当然にすべき業務上の指示の範囲内として違法ではないとした（東京地裁２００９年〈平成21年〉10月15日判決）。

また工場などで機械の扱いに危険性を伴う場合や、危険な工事現場などもある程度の厳しい指示指導は許されるだろう。

## （2）部下のミスの程度が大きいとき

部下のミスの程度が大きい場合に、上司からある程度の厳しい指導や叱責が行われることはやむを得ないであろう。

これに関しても判決例がある。営業所長だった社員が不正経理をしたため上司が改善を指示したにもかかわらず、再度不正経理をしたので上司が厳しく叱責し、さらに毎日、工事日報を報告するように指導したところ、その社員が自殺したというケースについて、裁判所はその叱責と指導は正当な業務の範囲内とした（高松高裁２００９年〈平成21年〉４月23日判決・M社事件）。

巻末の判決例では、1－⑮、2－①、⑭がその例である。

### （3）部下が理由もなく反抗的だったとき

上司が部下を叱責、指導したにもかかわらず、部下がそれに従わず反抗的な態度を取り、しかもそれが理由のないものであった場合にも叱責が厳しくなるのはやむを得ないだろう。ただし、第8章の部下の叱り方5原則で説明するが、上司として部下の弁明は聞くべきである。弁明を聞かなかったり、弁明に理由があるのに厳しく叱責したりすることはアウトである。

判決例としては、人事担当者が、他の社員を中傷する発言をした社員と面談した際に、「とぼけんなよ」「全体の秩序を乱すような者は要らん」「わかっているのかって聞いているだろう」などと大声で注意したというケースで、裁判所は、注意と指導は社会通念上許容されている範囲を超えており、不法行為になるとした。しかし他方で、人事担当者の言動は相手がふてくされて横を向いたままという態度が原因になっているとして、慰謝料としては10万円という低い額しか認めなかった（広島高裁松江支部２００９年〈平成21年〉5月22日判決）。

## 民事上の責任は損害賠償責任

ハラスメントがあったと被害者がとらえた場合に、加害者に対し法的責任を追及することがある。加害者の法的責任を大きく分けると、民事上の責任と刑事上の責任がある。民事上の責任としては、加害者には不法行為による損害賠償責任がある。

不法行為に当たるかどうかは、違法性があるかどうかという基準で判断される。この基準として裁判所が設定しているものは、パワハラ防止法や会社でのパワハラ認定基準より厳格である。

ある判決例ではこの基準について、

「職場内の人間関係を巡るトラブルに起因して不適切な言動があり、その相手方が不快な思いをしたとしても、そのすべてが違法となるわけではなく、法律的に損害賠償義務を生ぜしめるだけの不法行為に該当するためには、当該言動が、単なる職場の個人間の諍いの限度を超えた積極的な加害行為と評価できた場合に限る必要がある」(東京地裁2014年〈平成26年〉12月25日判決)

としている。

このように裁判で違法と判断されるためには積極的な加害行為と評価されなければならない。そのため、たとえ会社でパワハラと認定されても、裁判では違法性がないと判断される可能性がある。

被害者に対する損害賠償には、慰謝料や治療費のほか、被害者が休業した場合は休業しなければ得られたであろう収入なども対象となる。もし被害者が自殺したときは、本人が生きていたら得られたであろう収入などが対象となる。

パワハラの慰謝料額は事案によってさまざまである。慰謝料額については次のような判決例がある。

・「いい加減にせえよ。ぼけか。あほちゃうか」といった暴言や胸倉をつかんで揺さぶった行為について、慰謝料は５万円とされた〈大阪地裁２０１２年〈平成24年〉５月25日判決〉
・体重計に乗せて「まだ80キロにならないのか」と侮辱した行為について、慰謝料は５万円とされた〈長崎地裁２０１７年〈平成29年〉２月21日判決〉
・日常的な時間外労働の強要と嫌がらせ行為は悪質とされ、慰謝料は１５０万円とされ

た（津地裁2009年〈平成21年〉2月19日判決）

加害者としては、慰謝料は低い方がよいだろうが、被害者の立場になってみると、慰謝料額が低すぎるように感じるだろう。

概して日本の裁判所が認定する慰謝料額は低い。被害者の原告が何年も裁判してようやく判決となっても、慰謝料が5万円では裁判に時間もお金もかけたのに無駄だったとなるだろう。加害者とされた被告も裁判に疲れてしまう。当事者にとって裁判という紛争解決システムが機能していないのである。

このようなことがあるので、弁護士は、被害者から依頼されても裁判を積極的に勧めることができない。弁護士が裁判という手段を選択するときでも、通常訴訟ではなくて迅速に判断が示される労働審判や仮処分などの手段を取ることが多い。

なお、民事責任で注意が必要なことは消滅時効である。被害者から加害者に対する不法行為による損害賠償請求権は、被害者がその損害と加害者を知った時から、3年間（生命または身体を害する場合は5年間）請求権を行使しないと消滅時効が成立し請求が認められなくなる（民法第724条、724条の2）。

加害者は会社から民事上の責任を問われることもある。部下にハラスメントをしたことによって部下の業務に支障が出て営業上の損失が出たような場合は、会社から損害賠償を請求されることもあるだろう。

### 刑事責任を問われることも

パワハラが刑事犯罪になることも少なくない。

主なものを挙げると、身体的な攻撃は、暴行罪、傷害罪などで処罰の対象となる。精神的な攻撃は、脅迫罪、強要罪、名誉毀損罪、侮辱罪などで処罰の対象となる。

**暴行罪**というのは、アウトの事例でも書いたが、人の身体に対する物理力の行使だけでなく、心理的に影響を与えることも暴行罪になる。

酒に酔って暴力を振るった場合でも、病的な酩酊でなければ罪を問われる。たとえ前の晩のことは覚えていないと言っても、暴力の時点で判断能力が完全に失われていない以上は暴行罪になる。

**傷害罪**は暴行によって相手の身体の生理的機能を毀損することで成立する。骨折などの怪我が典型であるが、前述の通り精神的疾患も含まれる。

**脅迫罪**というのは、相手の生命、身体、自由、名誉、財産に害を与えることを告げることで成立する。例えば、上司が部下に「お前なんかぶっ殺すぞ」などと言った場合にはこの罪に問われることがある。

**強要罪**というのは、脅迫や暴行によって相手に義務のないことを行わせる場合に成立する。ポイントは脅迫や暴行があったかどうかである。

2013年に、衣料品店の商品にクレームをつけた顧客が店員に土下座させて、その写真をSNSに投稿したという事件があった。この件は、土下座そのものではなく自宅に謝罪に来るように念書を書かせたことが強要罪に問われ、SNSでの発信が名誉毀損罪に問われたようである。

土下座と言えば、半沢直樹が大和田常務に土下座させるシーンが有名だが、「土下座しろ」と言うだけではパワハラにはなっても強要罪にはならない。脅迫か暴行がなければ強要罪の要件を満たさないからである。

**名誉毀損罪**は公然と事実を示して相手の名誉を傷付けた場合に成立する。その事実があったかどうかは問わないので、示した事実が真実であっても名誉毀損になりうる。

パワハラで言えば、ほかの部下が聞いているところでの言動は〝公然〟という要件を満たすので名誉毀損罪に問われることがある。

ネット中傷のケースは、ネットに上げることが公然に該当する。

逆に、相手の名誉を傷付ける言動が相手のほかには伝わらない場合は公然とは言えないので名誉毀損は成立しない。上司が部下だけへのメールや電話で誹謗中傷しても公然とは言えない。しかしメールをCC（同報）でほかの社員に送っていたときは公然の要件を満たす。また上司と部下が二人だけしかいない部屋で上司が部下の名誉を毀損しても、外に聞こえなければ公然ではない。

名誉毀損罪には違法性阻却事由といって、示した事実が「公共の利害に関する事実」であって、「目的が公益を図ること」にあり、「その事実が真実であるか、真実であると誤信したことに相当の理由」があれば処罰されない。これは新聞や週刊誌の記事で争点になることが多いが、日常的なパワハラ事案では公共性とか公益が問題になることは少ないので、この違法性阻却事由が問題になるケースはあまりないだろう。

巻末の判決例の1-④は社員への配布文書が名誉毀損とされたケースである。

**侮辱罪**は名誉毀損と違い、事実を示さずに公然と相手を侮辱するような言動をしたときに成立する。例えば上司が、他の部下が聞いているところで、「この能無し」などと言ったときは侮辱罪に問われることがある。

会社の責任は

会社から雇われている社員がその業務において不法行為をした場合には、会社は使用者として不法行為をした社員と連帯責任を負う（民法第715条）。これを**使用者責任**という。

この責任は、その社員がその行為を業務として（民法では「事業の執行について」としている）行ったことが要件になっている。

裁判所は、この業務の範囲を広くとらえている。職場内だけでなく、会社の忘年会や取引相手との懇親会など、会社の業務と密接に関連するものは含まれる。

会社は社員と雇用契約を結んでいることから、会社には、契約している社員の生命身体の安全を確保して仕事ができるよう必要な配慮をすべき義務がある。

これを**安全配慮義務**と言う。社員が安心して安全に仕事ができるように必要な配慮をせよということである。この義務は労働契約法第5条にも規定がある。

また会社には、やはり雇用契約上の義務として、社員が働きやすい職場環境を保つよう配慮する義務がある。これを**職場環境配慮義務**と言う。

安全配慮義務は仕事に直接関係する安全性を対象にするので、パワハラ行為は主にこの義務違反が主張される。職場環境配慮義務はパワハラの防止義務だけでなくハラスメントの事後的対応を適正に行うことも含まれる。例えば、ハラスメントの被害申告があるのに会社がそれを放置して対応しなかったり、被害者に対してのケアを怠ったりした場合には、この職場環境配慮義務違反として主張されることが多い。

### 経営者や管理職の責任は

最近の判決例には、ハラスメントが起きたときに十分な対応をしなかった会社の経営者や、自分の部署でハラスメントが起きたのに適正に対応しなかった管理職に損害賠償責任があるとするものがある。

経営者である代表取締役の責任を認めた判決例として次のようなものがある。

飲食店の店長（当時24歳）が、上司のエリアマネージャーから「馬鹿だな」「使えねえな」などの暴言や、しゃもじで頭を殴るなどの暴行や、長時間労働などのパワハラを受けて自殺したケースについて、裁判所は、加害者の上司と会社だけでなく、会社の代表取締役に対しても長時間労働などの実情を認識していたか、認識することができたとして不法行為責任があるとした。そして、加害者個人、会社、代表取締役が連帯して、被害者の両親に合計約5800万円の損害賠償を支払うように命じた（東京地裁2014年〈平成26年〉11月4日判決）。

また管理職の責任を認めた判決例としては次のようなものがある。

進学塾の社員が有給休暇を申請したところ、上司の課長が、「有給申請は心証が悪い」とメールし、さらに有給を取らずに出社するよう求めたので、その社員がやむなく有給休暇申請を取り下げたことについて、その課長だけでなく、課長の発言を擁護した会社代表者や部長についても不法行為に当たるとして損害賠償を命じた（大阪高裁2012年〈平成24年〉4月6日判決）。

このように、ハラスメントについては、単に加害者や会社だけでなく経営者や管理職も民事上の責任が問われることにも注意しなければならない。

また経営者や管理職が事件をもみ消そうとすることがある。その場合はもみ消しをしようとした経営者や管理職が加害者と連帯して損害賠償責任を問われることもある。

巻末の判決例1－⑭と2－⑧は経営者や管理職の責任が問われた例である。

## 被害申出者が責任を問われるとき

ここまでの説明を読んで、パワハラをしていないのにパワハラと言われて冤罪になるかもしれないという不安を持つ読者がいるかもしれない。「パワハラなどしていないのに、部下がパワハラと言ったら何でもそうなるのか。それでは会社中、冤罪ばかりにならないか」という心配である。

しかし、パワハラを受けていないのに虚偽の被害の申出をした者は、もちろん責任を問われる。そのような虚偽の被害申出者は、加害者とされた者に対し、不法行為による損害賠償義務があるし、名誉毀損罪などの責任を問われることがある。あわせて会社から懲戒処分を受けることもある。

実際に、上司から叱責された腹いせに、部下が起きてもいないことで被害を申し出ることがある。ひどい場合は目撃者まで作って何人かで上司を陥れる場合もある。このように目撃者までいると会社が事実認定を誤る場合も出てくる。まれではあっても事実の捏造事案があることにも留意しておかなくてはならない。

判決例には、同僚から嘘のパワハラ申立てをされたというケースがある。

ある社員が業務に問題のある同僚と二人体制にされ、その同僚から無実のパワハラを訴えられたことに対して、上司の部長が十分な対応をしなかったというケースで、会社に対し慰謝料50万円の支払いを命じたという判決例がある（東京地裁2015年〈平成27年〉3月27日判決）。

身に覚えのないパワハラ被害申立てがあったときの対応は、第9章で詳しく述べる。

# 第４章　パワハラ防止法の徹底解剖

法律の中味を簡単にまとめると

２０２０年６月から施行されたパワハラ防止法はどういう法律なのだろうか。ポイントになる内容を簡単にまとめると次の５点になる。

**１　パワハラの定義を定め、事業主に対し、雇用管理上必要な措置を講じることを義務付けた。**

**２　事業主に対し労働者がパワハラ相談やパワハラ調査で証言したことなどを理由として解雇などの不利益な取扱いをすることを禁止した。**

**３　厚労大臣は事業主に対してパワハラの雇用管理上の措置等について報告を求める**

ことができ、必要なときは、助言、指導、勧告ができることとした。

4　厚労大臣は事業主が勧告に従わなかったときは、その旨公表できることとした。

5　厚労大臣に報告をしなかったり、虚偽の報告をした者は20万円以下の過料に処することとした。

「パワハラ防止法違反に罰則はあるのですか」と聞かれることがあるが、罰則は5だけである。といっても、これは事業主の報告義務違反に対するもので、パワハラ行為そのものを処罰する規定は入れられなかった。

4の公表は罰則というよりも、公表による企業へのダメージをねらった社会的制裁である。ただ新型コロナでの営業自粛に応じなかったパチンコ店の店名公表のように効果が疑わしいときもあるし、大企業でなければ公開が制裁にならないこともあるだろう。

パワハラ防止法の制定と同時に、男女雇用機会均等法にもセクハラについて新しい規定が加わった。それは、

**①事業主に対し労働者がセクハラ相談やセクハラ調査で証言したことなどを理由として解雇などの不利益な取り扱いをすることを禁止した。**

**②事業主は他社から、他社の労働者に対するセクハラ被害について、他社が講じる措置に必要な協力を求められた場合には、これに応じるように努めなければならない。**

という2点である。

①はパワハラと同じだが、②は自社の社員が他社の社員にセクハラをしたとき、他社の調査等に協力すべき義務である。努力義務ではあるが、規定されたことの意味は大きい。

## 社員間のパワハラだけを対象に

このようにこの法律は、パワハラの法制化という面では前進であったが、前述のとおり、法律はパワーによるハラスメントだけを対象にしていて、職場のハラスメントを網羅していない。それだけではない。この法律は、パワハラを社員間のハラスメントに限定した。

なぜ法律は社員間のパワハラに限定したのだろうか。パワハラ防止法制定までの流れを見てみよう。

まずパワハラに限定した経緯である。

厚労省が2011年から開催した円卓会議の名称が、「職場のいじめ・嫌がらせ問題に関する円卓会議」とあるとおり、厚労省は、はじめは職場のいじめ・嫌がらせとして全体的にとらえていた。ところが、円卓会議のワーキング・グループは、パワー・ハラスメントという言葉を使った報告書を出した。パワハラに限定したのはこのときからである。

これ以降、厚労省が設置した「職場のパワーハラスメント防止対策についての検討会」が2018年3月に出した報告書（以下、検討会報告書）でも、さらに同年12月に労働政策審議会の分科会が出した報告書（以下、審議会報告書）でも、職場のいじめ・嫌がらせ対策は、パワー・ハラスメント対策と名を変えてしまう。円卓会議や検討会などがなぜこのように限定したかは報告書では明確にされていない。ただ早い段階でハラスメントをパワハラに限定していたことは事実である。

次に法律が社員間のパワハラに限った理由である。

この点について円卓会議では、はじめから、同じ職場で働く者に対するパワハラとして議論されていて、社員以外の者からや社員以外の者へのパワハラを対象にするかどうかの議論はされていない。

検討会報告書や審議会報告書では、カスタマー・パワハラについては何らかの対応が必要との議論はなされたが、顧客や取引先からのクレームのどこまでが相当な範囲かの判断が難しいという理由で、事業主の義務付けの対象にしないと方向付けられた。しかし、顧客が店員に土下座させたり、大声で怒鳴ったりするのが相当な範囲を超えているという判断は難しいことではない。前述のようにセクハラでは、男女雇用機会均等法の指針で、社員以外の相手からのセクハラも含むとされていて、事業主に措置が義務付けられている。パワハラでも同じようにできないはずがない。

厚労省は、カスタマー・パワハラや就活パワハラを措置義務の対象にしなかったことへの批判が強いため、指針にその防止対策を盛り込んだ。しかし指針は、カスタマー・パワハラや就活パワハラなどについては企業としてその防止に取り組むことが望ましいとしかしていないので、どこまで実効性があるか疑問である。

## 指針はマニュアルではない

厚労省が２０１９年10月に指針の素案を公表したとき、さまざまな反対意見が出された。

そもそもお上がマニュアルを作る必要があるのかという意見や、指針でパワハラに該当しない例を挙げるのは言い逃れの余地を与えるという意見が多くあったという（「週刊新潮」２０１９年11月7日号）。

お上がマニュアルを作る必要があるのかという指摘はもっともなのだが、実は指針はマニュアルではない。マニュアルならそれぞれの会社が使おうが使うまいが自由である。しかし指針は違う。

指針は、厚労省の行政解釈であり、会社に措置を義務付けるための根拠になるものである。会社はこの通りやらないと厚労省から指導を受けてしまう。指針はマニュアルよりもっと強力なお上のお達しなのである。

ただし、この指針には問題がある。第3章で書いたようにパワハラに該当しない例を挙げたのは適当ではなかったし、パワハラの定義の説明も、どんな事業主にでもわかるように書けないものかと思う。

ただ経営者にせよ管理職にせよ、指針がお上のお達しである以上はその内容はよく理解しておいた方がよい。以下では必要なところで指針を引用して説明しよう。

## 法律の基準と会社の基準は違う

パワハラ防止法の制定の要は、事業主に対する雇用管理上の措置の義務付けの対象となるパワハラの定義を定めたことである。

この定義は3つの要件からなっている。これを**パワハラ3要件**と呼ぼう。この3要件はパワハラを理解するための出発点なのでぜひ覚えておいてほしい。

ただ初めに言っておきたいことは、この3要件からなる定義は、そのまま会社でのパワハラ防止のための定義とすべきものではないことである。あくまでも法律が会社（事業主）に対して雇用管理上の措置を義務付けるための定義であって、会社のためにこれをパワハラの定義にしなさいと言っているわけではないのである。

この3要件をそのままパワハラの成立要件として解説しているのは正確ではないし、会社としても、定義が書いてあるからといってすぐに飛び付いてはいけない。

法律の定義を使わず、会社として、パワハラ防止のためにもう少し広い定義にして社員の安全を図ろうという予防的な考え方は大いにありうるからである。

法律の基準と会社の基準の違いはこう考えればよい。

例えば、ある男性が医者からビールは一日に中ビン1本以内を厳守しなさいと言われたとしよう。これを守らないと医者から叱られるという基準である。しかし家では、彼の妻が夫の健康を心配してビールは一日小ビン1本までと決めたとする。夫が妻の決めた基準に従うかどうかは二人で決めてもらうとして、家での基準の方が医者の基準より厳しいことがありうるだろう。この医者から叱られる基準が法律の基準で、妻から叱られる基準が会社の基準ということになる。

このように妻が夫の健康を心配してより厳しい基準を定めるのと同様に、会社は社員のことを考えて安全な職場環境作りのために法律よりも広い基準を使うことが予防的見地からは必要である。

ということで、会社での定義は、職場のハラスメントとして法律の定義よりも広く網掛けをしておくことを勧める。

そこで本書では、パワハラの定義としては、厚労省の実態調査結果も踏まえてまとめられた2018年3月の「職場のパワーハラスメント防止対策についての検討会報告書」で示された職場のパワー・ハラスメントの概念によることにする。

ただパワハラ防止法の定義は会社にお上のお達しが来る基準なので、経営者はもちろん管理職も知っておいた方がよい。

法律のパワハラ3要件

パワハラ防止法の3要件は、第30条の2第1項に規定されている。法律の条文なので非常にわかりにくいが、まずはそのまま引用してみよう。

**（雇用管理上の措置等）**
**第30条の2　事業主は、職場において行われる優越的な関係を背景とした言動であって、業務上必要かつ相当な範囲を超えたものによりその雇用する労働者の就業環境が害されることのないよう、当該労働者からの相談に応じ、適切に対応するために必要な体制の整備その他の雇用管理上必要な措置を講じなければならない。**

これはこのままではわからないので、いったんバラバラにして3要件としてまとめてみるとこうなる。

**①事業主が雇用する労働者に対して、職場において行われる優越的な関係を背景とし**

た言動で（第1要件）
②業務上必要かつ相当な範囲を超えたものにより（第2要件）
③労働者の就業環境が害される（第3要件）

この3要件をさらにもう少し細かく見ていこう。


「事業主が雇用する労働者」

まず第1要件の中の「事業主が雇用する労働者」である。

雇用するとあるので、この労働者には、パートタイマー、契約社員等のいわゆる非正規社員も含む。派遣社員も労働者派遣法により雇用する労働者と同様の対応となる。

しかし、フリーランスなどの個人事業主は含まれない。雇用関係にないからである。ただフリーランスは、会社と雇用契約はなくても、実態として業務委託されている会社の社員から指揮命令を受けている場合がある。そのような場合は雇用する労働者に含めることができる場合があるだろう。

俳優などでつくる日本俳優連合（理事長・西田敏行）などフリーランスが所属する3

団体が、２０１９年夏に約１２００人を対象に行った調査では、パワハラを受けた経験がある人が６割、セクハラは４割であったとしている（「毎日新聞」２０１９年12月26日付夕刊）。かなりの比率である。

これから日本の雇用形態として、ギグワーカー（ネット等で単発の仕事を請け負う労働者）のようなフリーランスの労働者も増えることは間違いない。フリーランスを措置義務の対象にしないというのは今後問題になる危険性を大いにはらんでいることは指摘しておきたい。

## 「職場において行われる」

「職場」とは、業務を行う場所であり、いつも仕事をしているオフィスや現場以外でも、取引先とか出張先、仕事をしている自宅などが含まれる。喫茶店で仕事の打ち合わせをしていれば喫茶店も職場である。

第３章の会社の使用者責任の「事業の執行」は仕事の内容から見た範囲であるが、基本的には同様に考えることができるだろう。会社の懇親会や忘年会、取引先との宴席なども、参加が義務的で業務の延長と見られる場合は職場に含まれる。アフターファイブも、仕事の話をすると言われ、この上司には逆らえないという場合には、拒絶することが難しいという要素があるので含まれると見てよいだろう。

ところで、前に述べたように、パワハラ防止法の措置義務の対象は社員間のパワハラだけで、社員以外の者へのパワハラや社員以外の者からのパワハラは対象としていないとされている。

その条文上の根拠として、厚労省は、「職場において行われる優越的な関係を背景とした言動」という条文の「職場において行われる」が、「言動」だけでなく、「優越的な関係」にも係るからと説明している（2019年5月23日参議院厚生労働委員会・小林洋司局長答弁）。つまり職場内での優越的関係なので社員間だけに適用されるというのである。

しかし、そのような条文解釈はこの文言上からは疑問である。「職場において**行われる**」というのは、そのあとの「言動」にしか係らないというのが自然な解釈である。また、男女雇用機会均等法の「職場において行われる性的な言動」（同法11条1項）を行う者には、社員以外の取引先の労働者や顧客も含むとされているので（同指針）、パワハラ防止法の「職場において行われる」も同様に解釈しないと整合性がとれない。

このように条文解釈でも、パワハラを社員間に限るというのは根拠に乏しい。

「優越的な関係を背景とした言動」

「優越的な関係」というのがパワハラにおける「パワー」にあたるものである。この要件によって対象がパワハラだけに限定されたことになる。

では、どのような場合に優越的な関係があるのだろう。これについては指針が次のように示している。

「**当該事業主の業務を遂行するに当たって、当該言動を受ける労働者が当該言動の行為者とされる者に対して抵抗又は拒絶することができない蓋然性が高い関係を背景として行われるものを指す**」

この書き方も非常にわかりにくい。

ポイントは「**抵抗又は拒絶することができない**」である。要するに相手に「ＮＯと言えない」ということである。

例えば友達どうしなら、「そんなことやりたくない」とか「いやだよ」と言えるのに、上司なら、「やれません」とか「できません」と言えない関係になるということである。

こう書くと、こんな質問が来そうである。「ウチでは妻にNOと言えません。これも優越的なカンケイなんでしょうか」。言葉だけを見ればYESだが、指針では、「業務を遂行するに当たって」とあるので家庭内の関係とは意味が違う。とはいえ、この家庭で妻が優越的な地位にあるというのは間違いではないのかもしれない。

「蓋然性が高い」というのもわかりにくい。これは相手にNOと言えない「見込みが高い」ということである。実際にNOと言っていないので、「蓋然性」という言葉を使っている。それが高いということは、それだけ相手に物が言えない関係にあるということになる。

もうひとつ大事な点は、この要件にある「背景とした」である。優越的な関係を「利用した」とはされていないことがポイントである。「利用」よりも「背景」の方が広い。

例えば、立場の強い上司が部下に、「おい、昼飯買ってこい」と言うだけで、わざわざ「命令だ」と付け加えなくても、部下はNOと言えずすぐに買いに走るだろう。このような場合が「背景とした」である。

「業務上必要かつ相当な範囲を超えた」

次は第2要件である。指針は、この意味を、

「**社会通念に照らし、当該言動が明らかに当該事業主の業務上必要性がない、又はその態様が相当でないもの**」

としている。

要するに、明らかに業務上必要性がないか、態様が相当でないかを社会通念で判断せよということである。しかし、社会通念といっても抽象的でこのままでは使えない。

この要件の判断基準については、第8章のグレーゾーンのところで詳しく説明しよう。

「ものにより」

多くの方は読み流したかもしれないが、第2要件の最後にある「ものにより」は法律的には重要である。これは因果関係を指している。因果関係というのは、業務上必要かつ相当な範囲を超えた言動（第2要件）と、労働者の就業環境が害される（第3要件）を連結するものと考えればよい。

就業環境が害されたとしても、それが、問題となっている言動によるものではない場

合は、因果関係がないからパワハラにはならないということになる。

例えば、ある社員が心身の不調で仕事ができない状況になったが、その原因は家庭でのストレスによるものであると判断されたとする。その場合には上司からの叱責があったとしても、因果関係がないので上司の言動はパワハラにならないことになる。


「労働者の就業環境が害される」


第3要件に移ろう。

これについて指針は、

**「当該言動により労働者が身体的又は精神的に苦痛を与えられ、労働者の就業環境が不快なものとなったため、能力の発揮に重大な悪影響が生じる等当該労働者が就業する上で看過できない程度の支障が生じること」**

としている。

この説明もわかりにくいが、要するに、①身体的苦痛を与えられるか、②精神的苦痛を与えられるかによって、③就業環境が不快になり、そのことで、④就業上看過できない程度の支障が生じた、という意味である。

つまり、①か②によって③となり、さらに④まで起きたこと、ということである。ということは、①や②の身体的・精神的苦痛があっただけではパワハラの要件には該当しないということである。

この定義は、この法律ができる前にパワハラとして定義付けられていた要件と異なる。法律ができる前にこの要件がどのように書かれていたかを見てみよう。

・2012年の円卓会議ワーキング・グループ報告書

**「精神的・身体的苦痛を与える又は職場環境を悪化させる行為」**

・2018年の検討会報告書

**「身体的若しくは精神的な苦痛を与えること、又は就業環境を害すること」**

いかがだろう。パワハラ3要件と違うことに気付いていただけただろうか。

これらの報告書では、身体的苦痛を与える行為か、精神的苦痛を与える行為か、職場環境を悪化させる行為（就業環境を害する行為）のどれかがあれば要件を満たす。しかしパワハラ3要件はそうなっていない。①の身体的苦痛や②の精神的苦痛だけでは要件に該当しない。要件が変えられているのである。

なぜ要件が変えられたのだろうか。おそらく法律で事業主に措置を義務付けるためには客観性が必要だからということだろう。つまり、①の身体的苦痛と②の精神的苦痛だけでは客観的ではないので、③と④まで必要としたということだろう。

しかし、③と④を加えることで客観的になるかというと、必ずしもそうとは言えない。行政の指導基準なので要件を加え、それでも会社が守れない場合は指導するということにしたのだろう。

### 判断基準は平均的労働者の感じ方

この第3要件の「労働者の就業環境が害される」の判断として、指針では、平均的な労働者の感じ方を基準とするとしている。要するにその本人を基準にするのではなく、平均的な労働者ならどう感じるかを基準にすべきであるということである。

例を挙げてみよう。ある上司が部下に、「君の報告書はよくわかんなかったなあ」と言ったところ、その部下はショックを受けて次の日から会社に来なくなったとする。もちろん状況にはよるが、社会一般の人で、この言葉を言われたから翌日から出社しないということは通常は考えられないだろう。つまり平均的労働者の基準によれば、この上司の言動は要件を満たさないということになる。

例えば、最近の若い社員は打たれ弱いと言われる。たしかに小さいときから叱られるという経験がほとんどないので、会社に入ってちょっと強く叱られただけで大きなショックを受け、心身に不調をきたしてしまう者がいる。ケースによっては、このように打たれ弱い若い社員を平均的労働者とする場合もあるだろう。時代によって基準が変わることにも注意が必要である。

### 会社の定義は予防的に

前述のとおり、この法律のパワハラの定義は企業に措置を義務付けるためのものなので、予防的な見地からするとそのまま使わない方がよいだろう。

本書では、検討会報告書のパワハラの概念を使い、また前述のように、職場のハラスメントとしてはパワハラに限定することは実態に合わないので、パワハラ以外のハラスメントも加えたものを会社のハラスメント防止のための定義にするのがよいという前提で論を進める。会社は、家庭で妻が夫のことを心配してビール一日小ビン1本とするように、社員の安全を考えた方がよいということである。

会社の定義としてのパワハラ3要件

本書で定義として取り上げる検討会報告書のパワハラ3要件は次のようなものである。

**①優越的な関係に基づいて（優位性を背景に）行われること**
**②業務の適正な範囲を超えて行われること**
**③身体的若しくは精神的な苦痛を与えること、又は就業環境を害すること**

これを法律のパワハラ3要件と比べると、①と②は少し表現が違うが中味は同じと考えてよいだろう。違うのは③である。

なぜ法律が③の要件を変えたのかは前述のとおりである。

検討会報告書の定義では、③は身体的苦痛を与えること、精神的苦痛を与えること、就業環境を害すること、この3つの場合のどれかがあればパワハラになるということになる。

では、この定義に従うと要件が緩やかになりすぎて、相手が精神的苦痛を受けたと言ったり、就業環境が害されてこんなところでは仕事できません、と言ったりすれば、何でもパワハラになるのだろうか。

そうはならない。なぜならこの要件に該当するかは、平均的労働者の基準が適用されるからである。つまり検討会報告書の定義の身体的苦痛を与えること、精神的苦痛を与えること、就業環境を害することのいずれの場合でも、平均的労働者を基準として判断し、本人が苦痛であるとか、就業環境が害されたというだけでは要件は満たされないのである。

会社のハラスメントの定義としては、さらに、パワハラに含まれない職場のハラスメントとして、職場内であってもパワーのない同僚や部下からのハラスメントも含むことを書いておくのがよい。

また社員以外の者に対するもの、社員以外の者からのものもハラスメントとして対応することを明記しておくのがよいだろう。

### 法律で何が変わるか

この章の最後に、パワハラ防止法ができて何が変わるかをまとめておこう。

## （1）会社がパワハラ行為者に厳しく対応するようになる

多くの会社がすでにパワハラ対応体制を強化しているし、これからも対策を強化していくことは間違いない。その結果、生じるのは、セクハラがそうであったようにパワハラの厳罰化である。これは間違いなく起きてくるだろう。

パワハラ対応体制が強化され、社内規程で禁止されているにもかかわらずパワハラをしたことに対しての処罰となるので、これまでよりも厳しくなるからだ。

## （2）パワハラ相談がさらに増える

ハラスメント被害は職場では言い出しにくいが、法律ができて会社に相談窓口ができることで相談件数は増えるだろう。

また、法律に基づいて、都道府県の労働局と労働基準監督署などによって、パワハラ対策に不熱心な会社に対し厳しい行政指導がなされるだろう。このような指導を受けた会社は敏感に対応することは間違いない。対応しなければ公表され、ブラック企業の烙印を押されてしまうかもしれないからである。行政が会社に厳しく指導することを期待して労働局などへの職場のいじめ・嫌がらせに関する被害相談がさらに増えるだろう。

## （３）パワハラ裁判がさらに増える

パワハラについての裁判例集のひとつに、公益財団法人21世紀職業財団が出している『わかりやすいパワーハラスメント　新・裁判例集』という本がある。それには２００３年から２０１７年までの主な裁判例が72件挙げられている。そのうち２００７年以前のものは８件しかないが、２００７年から２０１７年までのものは64件にもなっている。

この中の多くは、被害者からの損害賠償請求訴訟や労災関係の訴訟であるが、最近は会社から懲戒処分を受けた加害者が、その処分を争う裁判が増えている。これは会社がパワハラに対して厳しい懲戒処分を科していることに関係している。

被害者からの損害賠償請求訴訟や労災関係の訴訟は減ることはないだろうし、会社がこれまでよりも厳しい懲戒処分を下すことになれば、それを不服とする裁判がさらに増えるだろう。

# 第5章　国家公務員と地方公務員の職場はどうなるか

## 公務員の種類と数

前章までの法律の説明の補足として、本章では公務員の職場でのパワハラについて、法律的な見地からの解説を加えておきたい。民間企業の方にとっては関係ないと思われるかもしれないので、先を急ぐ方は第6章にお進みいただいてもよいが、民間とどう異なるのかという点は知っておいてもよいと思う。

一口に公務員と言っても、さまざまな公務員がいる。公務員が国家公務員と地方公務員に分かれているのはほとんどの人が知っているだろう。しかし公務員がそれぞれどれくらいいるかはあまり知られていない。人事院の令和元年度年次報告書によれば、公務員の正規職員は全部で約３３３万人おり、そのうち国家公務員は約59万人、地方公務員は約274万人いるということである。

### 公務職場のパワハラも増えている

公務職場でのパワハラの現状はどうだろうか。

国家公務員で見てみよう。人事院は一般職国家公務員を対象に苦情相談窓口を設置して人事管理上の苦情を受け付けているが、ここ最近パワハラの苦情相談が急増している。2019年度では苦情相談事案数1124件のうち27・6%にあたる310件がパワハラ相談だった（人事院「令和元年度における苦情相談の状況」）。これは相談内容のトップである。この傾向は民間での労働相談の傾向と同じである。

公務職場でのパワハラが多いことは別のデータからも言える。人事院が2018年に実施した30代の職員（本府省に勤務する行政職俸給表［一］が適用される職員）約6300人を対象とした意識調査は非常に興味深い（人事院平成29年度年次報告書）。

まず、入省時から今までで強い不満を感じた上司がいるかどうかについて、78・2%の職員がいると答え、その不満の理由のトップは上司の態度が高圧的というものだった。不満な上司がいるという答えが多いのはわかるとしても、その理由が高圧的というのは上司によるパワハラにつながるだろう。

次に、過去数年間で上司から厳しい指導を受けたかどうかについて、あったという職員が62・5％いた。その内容は、「理不尽な指示をされた」「大声で叱責された」「能力を否定された」「机を叩くなど感情的な言動をされた」「人格を否定する発言をされた」「長時間叱責された」などというものだった。この内容はどれもパワハラに該当する可能性が高い言動である。

さらにこの上司から厳しい指導を受けたという職員のうち、これらの言動をパワハラと感じたとする者は38・3％、パワハラとまでは言わないが、不満を感じたとする者が56・9％であった。

これらのデータからすると、上司から受けた厳しい指導をパワハラと感じたとする職員の割合は全体で見れば23・9％、つまり約4人に1人はパワハラを受けたと感じたことがあるということになる。

人事院公務員研修所の高嶋直人教授は、公務職場でハラスメントが起きやすい理由として、公務職場は同質性が高く、「おかしいことをおかしいと言えない」という風通しの悪い組織になりがちで、「長いものに巻かれる」体質になりやすいと指摘している

（高嶋直人『公務員のためのハラスメント防止対策』ぎょうせい・2018年）。

## 管理職はこわがって指導を躊躇

この意識調査では、管理職である課長級職員に対し、部下に対する指導についての調査もしている。課長級職員が部下に指導すべき場面で指導を躊躇したことがあるかどうかについて、44・3％があると回答した。その理由として、「部下がかえってやる気をなくす不安があった」（65・9％）、「人間関係に悪影響を及ぼす不安があった」（28・0％）のほか、「ハラスメントと受け止められないか不安があった」という回答が24・3％あった。公務職場でも、ハラスメントと言われるのをこわがって指導を躊躇する管理職が多いことがわかる。

またこの調査で、パワハラを受けたと感じた職員を役職ごとに見たデータでは、役職が高いほどパワハラを受けたと感じる割合が高いという結果が出ている。このことは地位が低いほどパワハラ被害が増えるのではなく、逆に地位が高くなるにつれてパワハラを受けることが増えることを示している。

## 知事や市町村長は事業主

パワハラの定義や、事業主がパワハラに適切に対応すべき義務、研修実施義務などは、国家公務員は適用が除外されているが、地方公務員は適用除外とはなっていない。

ということは、知事や市町村長は、大企業の事業主と同じように、パワハラ防止法とその定義と指針に従った対応をしなければならない。そのため総務省は、パワハラ防止法の指針が出たあと、自治体に対し、この法律と指針についての通知を出している（令和2年〈2020年〉1月17日付け総務省通知）。

さらに地方公務員の仕事は文字通り公務なので、国家公務員向けに出している人事院規則や通知にも配慮しなければならない。地方公務員はパワハラ防止法に従いつつ、公務員として人事院が指示することを取り入れなければならない。

しかし、地方公務員は、紛争解決のための都道府県労働局長の助言、指導、勧告や調停申請などの適用は除外されている。そのため苦情の行先はそれぞれの人事委員会などということになる。

## 人事院規則の制定

人事院は、パワハラ防止法制定の動きに合わせ、「公務職場におけるパワー・ハラスメント防止対策検討会」を設置した。この検討会は、2019年3月から同年12月まで計8回の会議を開催し、2020年1月14日、報告書を公表した。

人事院は、この報告書の内容を踏まえ、同年4月1日、「パワー・ハラスメントの防止等」と題する人事院規則10－16を制定し、同年6月1日から施行した。また人事院は、人事院規則の制定にあわせてその運用についての通知と指針を出した。

## パワハラの定義の違い

この人事院規則とパワハラ防止法では、パワハラの定義が違う。

人事院規則第2条は、定義として、パワー・ハラスメントとは、「職務に関する優越的な関係を背景として行われる、業務上必要かつ相当な範囲を超える言動であって、職員に精神的若しくは身体的な苦痛を与え、職員の人格若しくは尊厳を害し、又は職員の勤務環境を害することとなるようなものをいう」と規定している。

これをパワハラ防止法と同じように、3要件に分解してみよう。

①職務に関する優越的な関係を背景として行われる（第1要件）
②業務上必要かつ相当な範囲を超える言動（第2要件）
③職員に精神的若しくは身体的な苦痛を与え、職員の人格若しくは尊厳を害し、又は職員の勤務環境を害することとなるようなもの（第3要件）

パワハラ防止法の3要件は次のとおりである。

①事業主が雇用する労働者に対して、職場において行われる優越的な関係を背景とした言動で（第1要件）
②業務上必要かつ相当な範囲を超えたものにより（第2要件）
③労働者の就業環境が害される（第3要件）

この2つを比べると、第1、第2要件はほぼ同じである。違うのは第3要件である。
ただ、人事院規則の第3要件の規定は立法技術としてわかりにくい文言の使い方をしている。この規定を普通に読むと、職員に精神的若しくは身体的な苦痛を与えること、職員の人格若しくは尊厳を害すること、職員の勤務環境を害することという3つが並列になっているように読める。

しかし、この規則の元になったと思われる人事院の検討会報告書の「パワー・ハラスメントの概念」の箇所を読むと、職員に精神的若しくは身体的な苦痛を与えることによって職員の人格若しくは尊厳を害することと、職員に精神的若しくは身体的な苦痛を与えることによって職員の勤務環境を害することの2つが並列されている。

この検討会報告書の内容のとおりであれば、規定の書き方としては、「**職員に精神的又は身体的な苦痛を与えることにより、職員の人格若しくは尊厳を害し、又は職員の勤務環境を害すること**」と書くべきだろう。

また、人事院規則のパワハラ第3要件では「となる**ような**もの」という文言を使っているが、規制対象とする行為を定めるための定義においてこのようなあいまいな文言は普通は使わない。

人事院規則が、検討会報告書の内容のものと理解したうえで比較すると、人事院規則では、精神的または身体的な苦痛を与えることによって職員の人格・尊厳を害することでパワハラとなるが、パワハラ防止法の方は、第４章で見たように、身体的苦痛か精神的苦痛によって就業環境が不快になるだけでなく、さらにそのことで就業上看過できない程度の支障が生じたときにパワハラとなるという違いがある。

この定義を比べると、人事院規則の方がパワハラの成立範囲は広くなるだろう。このことをパワハラの「官民格差」と言う人もいる。

この違いが生じた理由は、パワハラ防止法の定義は行政指導の基準なので要件を加えたが、人事院規則は行政指導の基準ではなく、会社のパワハラの定義と同じ性質を持つので、定義を広くしてパワハラ防止を図ろうとしたということであろう。

## もうひとつの官民格差

パワハラの官民格差については、公務員のパワハラ行為に対して損害賠償を請求するときにも大きな官民格差がある。

民間会社の社員の職務行為による損害であれば、その社員個人と、社員を雇用する会社に対して使用者責任として損害賠償請求ができる。

しかし公務員の場合はそうはいかない。会社と同様に、国なり地方自治体に対して使用者責任としての損害賠償請求はできるが、公務員個人に対する損害賠償請求は認められないのである。

これは国家賠償法という法律の解釈によって公務員は個人責任は負わないとされているからである。

となると、例えば私立学校の教員が生徒に体罰を加えたというパワハラがあった場合、その教員個人とその学校法人が損害賠償責任を負う。しかし公立学校の教員が生徒に体罰を加えた場合には、学校設置者である自治体だけが損害賠償責任を負い、教員個人はその責任を負わない。同じ教育行為の中での違法行為なのに個人責任の点で官民格差があるのだ。

国家賠償法という古い法律が公務員を過剰に保護しているということは以前から言われているが、改正の兆しはない。

## カスハラはどうなったか

公務員に対する公務員以外の者からのパワハラとしてのカスハラや、公務員による公務員以外の者に対する就活パワハラやフリーランスに対するパワハラについて、人事院規則ではどうなっているだろうか。

結論的に言うと、人事院規則では必ずしも職員間だけを対象にしているようには読めない。それは人事院規則のパワハラの定義に、「職務に関する」優越的な関係とあるが、規則の運用について出された人事院の通知には、その典型例として職員間の言動だけを挙げる一方で、人事院規則第4条のパワハラに関する各省庁の長の責務としてカスハラ対応の必要性についても書かれているからである。

しかし、公務員に対するカスハラや公務員以外の者に対するパワハラについても人事院規則に定め、その禁止を規定すべきだっただろう。この点では法律と同様に問題が残ったままである。

もう一つ付け加えておくと、一般職の国家公務員の数からして、人事院へのパワハラ、いじめ・嫌がらせの苦情相談事案数が年間310事案（2019年度）というのは少なすぎるように思う。

### 懲戒処分の基準も定められた

人事院は人事院規則の制定に合わせてパワハラについての懲戒処分の指針を定めた。それは次のとおりである。

**①パワー・ハラスメントを行ったことにより、相手に著しい精神的又は身体的な苦痛を与えた職員は、停職、減給又は戒告**

**②パワー・ハラスメントを行ったことについて指導、注意等を受けたにもかかわらず、パワー・ハラスメントを繰り返した職員は、停職又は減給**

**③パワー・ハラスメントを行ったことにより、相手を強度の心的ストレスの重積による精神疾患に罹患させた職員は、免職、停職又は減給**

③のようにパワハラで懲戒免職になることもある。会社で言うと懲戒解雇である。この指針は、公務員だけでなく、企業での懲戒処分の量定の参考にもされるだろう。

# 第６章　経営者と管理職は何をすればよいのか

## 事業主の措置義務とは

パワハラ防止法には、事業主にはパワハラ防止などの雇用管理上必要な措置を講じる義務があると書いてある。経営者と管理職は何をすればよいのだろうか。

この事業主には法人でない個人事業主も含まれる。例えば街のラーメン店の経営者がアルバイトを雇っている場合も立派な事業主である。

ただ今回の施行で義務があるとされたのは大企業で、ラーメン店のような中小企業は努力義務とされた。しかし、それらの中小企業も２０２２年４月から措置が義務付けられる。

措置が義務付けられたことで、それに違反するとペナルティがかかる。

## 違反はブラック企業として公表

例えば会社が相談窓口を作らなかったとする。しかし、そのことだけではペナルティはない。

ペナルティのひとつは、会社が措置義務違反についての厚労大臣からの勧告に従わなかったときの会社名の公表である。

例えば、被害相談をした社員に会社が報復として仕事を与えないなどの不利益な扱いをしたとき、厚労大臣が会社に不利益な扱いをやめるように勧告したとする。ところが、会社がそれを無視して勧告に従わなかった場合には、厚労大臣がその会社名と違反内容を公表することがある。

この会社名の公表というのはすでに男女雇用機会均等法に規定があり、2015年9月には茨城県の医院が妊娠を理由に女性労働者を解雇したことについて勧告に従わなかった、というケースで医院の名前が公表されている。それ以外には、労働基準法に違反して違法な長時間労働を繰り返した会社名が公表されたことがあり、ブラック企業の公表として話題になった。

公表されると、言わば厚労省認定のブラック企業として全国に名が知られてしまうので、評判ががた落ちとなるのは間違いない。

もうひとつのペナルティは罰則である。それは厚労大臣が、会社がハラスメント案件にどういう対応をしたかなどの報告を求めたときにそれを無視したり、虚偽の報告をしたりしたときで、20万円以下の過料に処せられる。この過料というのは刑法に定める刑罰ではないが、秩序罰と呼ばれる罰則である。

だが、この過料は罰則としては非常に軽い。20万円くらいで済むならと報告しない会社が出てきても不思議ではない。もう少し重い罰則でなければ実効性はないだろう。

## 経営者は就業規則と方針を

経営者は何をすればよいのだろう。

指針には、事業主の方針の明確化と周知・啓発、相談窓口の設置などが細かく書かれている。

この指針は第4章でも書いたとおりマニュアルではない。法律と一体となったお上からのお達しである。ということは、何か問題があったとき労働局などからそれを示されて、「指針ではこうなっていますから、あなたの会社もこのような防止・対応体制をとってください」と言われる基準である。

ただ、どの程度のものが作れるかは会社の規模で全く違う。会社の規模に合わせた、できるだけの防止・対応体制を作ることで十分であろう。

では何から始めたらよいか。まずは就業規則である。

法律相談を受けていてよく出てくるのは、会社に就業規則がないという話だ。常時10人以上の労働者を使用する使用者は、必ず就業規則を作成し、労働基準監督署に届け出なければならない（労働基準法第89条）。違反したときは30万円以下の罰金なので決して軽くない。しかし、この規定を知らない経営者は多い。

雇っている社員が10人未満でも就業規則は作成した方がよい。就業規則は雇われている側のために作るように思っている経営者が多いがそうではない。何か問題が起きたときに就業規則があることで解決できるというメリットが経営者にもある。この就業規則にハラスメントの禁止と懲戒規定を書いておく。これが第一歩になる。

次にやるべきことは、ハラスメントのない会社にすることを方針として公表することである。

これは要するにトップからハラスメント根絶宣言を発信するということだ。小さい会社であれば社内報とかメール配信でよいし、パワハラ防止のポスターを貼るだけでもよいだろう。要は姿勢を示すことである。

できればこのような宣言は社長からの上意下達という形ではなく下から議論を積み上げていって、トップがそれをまとめるという形の方がよいだろう。その方が充実したものを作れるだけでなく、その過程自体が社員のハラスメント教育となるからである。社員から、「トップだけが言ってもなあ」という感想が出るようではいけない。

### 相談窓口と言われても

次にやるべきとされているのは相談窓口の設置である。

しかし、相談窓口を作れと言われても、どの会社でも作れるわけではない。

厚労省の2016年度実態調査では、社員が1000人以上の会社では約72％が相談窓口を設置しているが、99人以下の会社では設置しているのはわずか9％にすぎない（従業員調査）。新しく法律ができて設置する会社はある程度増えるかもしれないが、小規模の会社では相談窓口の設置は難しいだろう。

では、小規模の会社はどうしたらよいのだろうか。弁護士や社労士に外部相談窓口として委託しなくてはいけないのだろうか。しかしそれにはコストがかかりすぎる。

総務や人事があれば、その担当社員が相談窓口になるというのが最もオーソドックスな形であろう。しかし社員が5、6人しかいない町工場など、総務や人事の専任社員もいない小企業はたくさんある。

そのような場合は、都道府県の労働局や労働基準監督署にある労働相談窓口を相談窓口のひとつとして周知すればよいだろう。

なお、パワハラ防止法では、職場のパワハラに関して紛争があったとき、紛争当事者から都道府県労働局長に解決の援助や調停を申請することができることとなっている。このことも社員に周知すべきだろう。

## 管理職は何をすればよいのか

被害者が会社の相談窓口に来る比率は非常に少ない。

厚労省の2016年度実態調査では、パワハラを受けたと感じて社内の相談窓口に行った者が3・5%、社外の相談窓口に行った者が1・7%で合計してもわずか5・2%

しかいない（図3）。

パワハラと感じた社員が社内で相談する相手としては、同僚への相談が16％で、次いで上司への相談が12・7％だった。上司として相談に乗るのは管理職である。どのような規模の会社でも、管理職には、部下や同僚から相談を受けたときにしっかりとその役割を果たすことが求められている。

といっても、相談をしやすい管理職としにくい管理職がいるだろうし、管理職がみな相談を受けることに慣れているわけではない。大事なことは、相談を受けた管理職が間違った対応をしないことである。そのために注意しなければならないことがいくつかある。

まず、もみ消しはそれ自体でハラスメントになるので決してしてはいけない。もしそのケースが民事裁判になったときには加害者と並んで共同被告になることさえある。

次に注意すべきことは守秘義務である。そもそも口の軽い管理職へはこわくて誰も相談に行かないが、そうでなくても相談内容をつい誰かに話してしまうことが起こる。

相談内容は本人の同意がなければ第三者に伝えてはいけないというのが大原則である。ただ例外として、相談者本人に危険が及ぶときは同意なしで必要な範囲で第三者に伝えてもよい。

本人の同意があったときは、それを書面に残しておくのがよい。相談者から後になって同意していなかったと言われたときのための予防措置である。

### 部下から相談を受けたときの三大禁句

何よりやってはいけないのは相談者を傷つける言動である。

ハラスメントの相談を受けたときに絶対に言ってはならない言葉がある。私はこれを三大禁句と言っている。

・**「あなたにも悪いところがあるのではないですか」**
・**「それくらいみんな我慢してますよ」**
・**「なぜやめてくださいと言わなかったのですか」**

私が相談員研修でこれを紹介すると、出席者から、どれも言ってしまいそうになりますという感想が必ず出る。

相談者は勇気をふるって相談に来る。にもかかわらず相談の場でこのような言葉を受けたときのショックは大きい。このような被害を二次被害という。

### 図3　過去3年間にパワーハラスメントを受けたと感じた者におけるその後の行動

「パワーハラスメントを受けてどのような行動をしましたか」という問いへの回答（複数回答可）

単位%

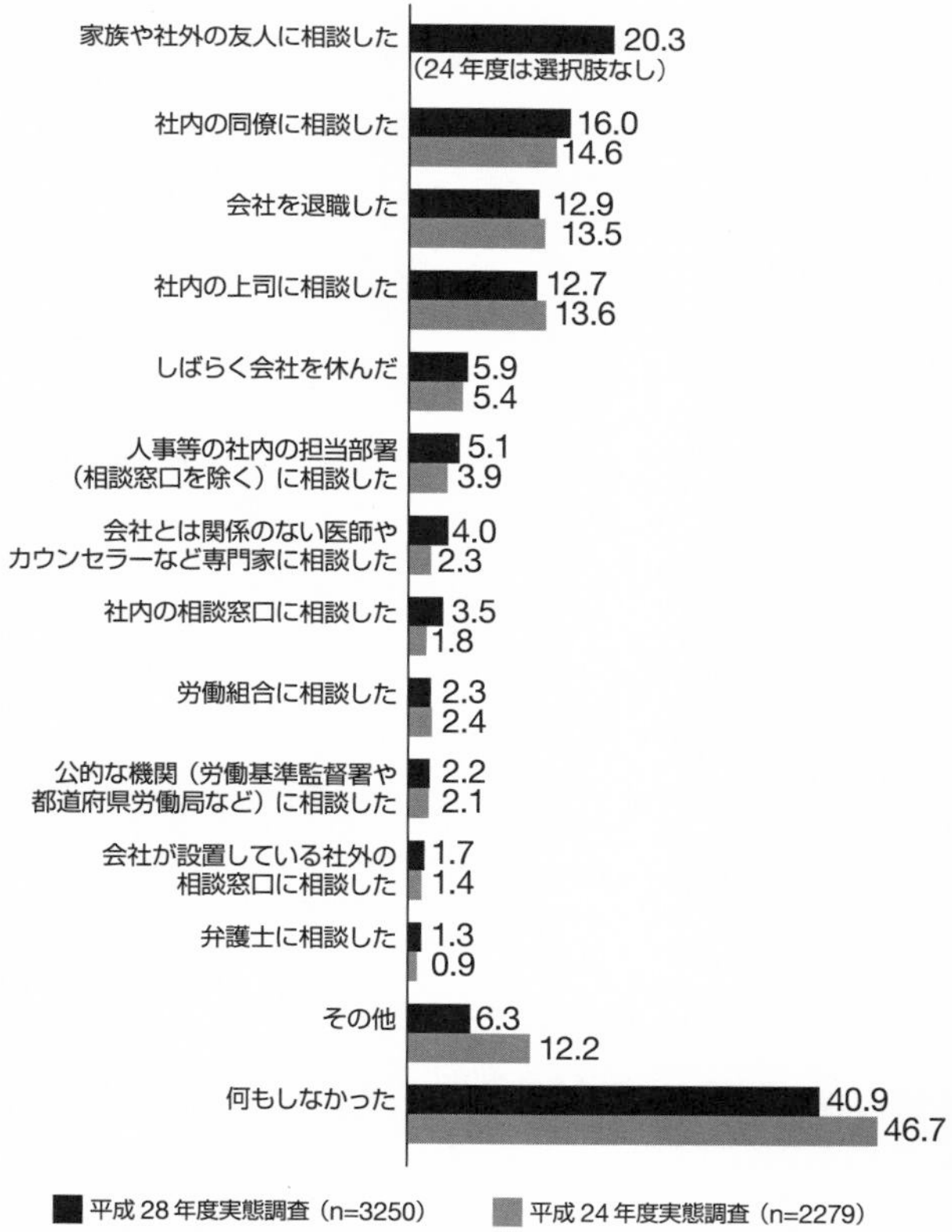


（平成28年度厚労省委託事業「職場のパワーハラスメントに関する実態調査報告書」より）

ほかにも、こういうことは言ってはならない。
・「あまり大ごとにするのは職場の雰囲気をこわしますよ」
・「もっと早く相談に来れば何とかなったのに」
・「相手に悪気はないんだから気にしない方がいいですよ」
・「それなら相手に倍返ししてやればどうですか」
最後の言葉はドラマではスカッとするが、実際にこのようにアドバイスするのはやめておいた方がよい。

## 第7章　パワハラ経営者、管理職にならないために

### いくつかの傾向タイプ

どのような人がパワハラをするのか。パワハラ的な傾向を持っている人がパワハラをする、まずこれが典型的だろう。いくつかのタイプを挙げてみよう。

### ①瞬間湯沸かし器型

●A部長は、何か気に食わないことがあるとすぐにキレる。瞬間湯沸かし器と言われるほどだ。社員は報告に行く時は深呼吸して身構えてからいく。きょうはBがカミナリを落とされている。パワハラだと思うが誰も注意しない。会社の上の人たちもAが

キレるのがこわいようだ。

瞬間湯沸かし器のようにすぐにカッとなるタイプである。このタイプは感情の起伏が激しい。ただ、カッとしなければ沈着冷静で仕事ができることが多い。管理職の場合はいわゆる外面がよいことも多く、出世することも珍しくない。

このタイプは、感情に任せて動いているだけでパワハラの自覚がないことが多い。その意味では、意図的ないじめ・嫌がらせはほとんどない。だが、みんながこわがって近付かないのでよけいに自覚する機会がない。周りは誰かズバッと言ってくれたらと思ってはいても、感情のままに対応されるのがこわいので会社の上の方も言いたがらない。こうしていつまでも部下はおどおどしている。これでは業務に支障が出るのは当然だろう。

近頃は、瞬間湯沸かし器をあまり見なくなったが、A部長のようなタイプもあまり見かけなくなった。昔はともかく、世間でこれだけパワハラのことが言われていると、感情のまま怒鳴り散らすようなタイプは減っているように見える。

そうは言っても、部下を怒鳴って会社を大きくしたというような、たたき上げのワンマン社長が今も社員を怒鳴り散らしているという例は時々見かける。

もう一つよく聞くのは、若いころはそうでなかったが、年と共にすぐカッとなるようになってきたという話だ。キレる老人とか暴走老人とまではいかなくても、以前ほど寛容さがなくなってきたということはよく耳にする。それが仕事に出てくるとこのタイプになる。

**②鬼コーチ型**

●営業所長であるAは、とにかく売り上げを上げるために必死である。新入社員のBに対しても、「残業なんて当たり前だぞ。オレの時代なんて2日間徹夜で新規のお客さんを開拓して上司にほめられたんだ」と言って平気でサービス残業をさせている。そのことを本社は知っているのに、ライバル会社に勝つという方針で何もしない。

体育会系の部活の経験者なら、部の顧問とかコーチにこういうタイプがいたことを思い出すだろう。このタイプは、周りがどう思おうが自分のやり方が正しいと信じ切っている。体育会系の鬼コーチである。

部下に熱血指導をする。それ自体は悪いことではない。それどころか熱血指導は必要な面もある。熱意のある指導でなければ部下はついてこない。怒鳴ったり、残業をさせたりと行き過ぎることが問題なのである。

このタイプの上司は、自分もがんがん仕事をするので業績を上げる。会社はその仕事を評価するので少々の行き過ぎはわかっていても止めない。会社公認なので被害を訴え出た部下がかえって飛ばされることさえある。

## ③オレが一番型

●A部長は、怒鳴ったり、大声を上げたりするタイプではない。しかし自分が正しいと思ったことは絶対に曲げない。部下の指導についてもそうだ。あるとき部下のBに対して仕事の指示をしたが、そのときBが少し違った意見を言った。するとAにスイッチが入ってしまい、Aは、いかにBの考えが間違っているかを延々と意見し続けた。Bはすっかり疲れてしまい、やる気を失ってしまった。

このタイプは、感情のコントロールを失うことはないし、熱血指導をするわけでもない。ただ何事も自分が中心にいて物事を動かしたい気持ちが強い。自分は優秀であるという意識が強いため、他人を悪く言うことに熱心である。また自分の考えと違うことに寛容さがなく相手を許すことがない。

このタイプも仕事ができる。もともとの自信家が業績を上げることでますます自信を付け、頭が凝り固まってしまう。世界は自分中心に回っており、また回らないと気が済まないという性格なので、人の言うことを聞かないし信用しない。

このタイプは延々と意見することが多い。それは自分が正しいということを相手へ言い聞かせるという形で、実際は自分が正しいことを自分に言い聞かせているのである。

**④好き嫌い型**

●Ａ支店長は、今度支店に配属された若手のＢが、飲みに誘っても適当な理由を付けて断るのでよく思っていない。あるときＡは、まだ経験が乏しいＢにわざと難しい顧客への営業の仕事を命じた。Aの思惑通り、Bは失敗した。Aはほら見ろと思いながらBの勤務成績の評価を低く付けた。

このタイプは部下に対する好き嫌いの感情がはっきりしていて、自分が気に入らない部下にはいじめや嫌がらせをする。

例えば、いつも自分の言うことを、はいはいと言って何でも聞く部下は大事にするが、そうでない部下に対しては、怒鳴ったり、腹いせに無理な仕事をさせたり、仕事を与えないというようないじめや嫌がらせをすることがある。

この場合、意図的なハラスメントになることが多い。ただ、いじめや嫌がらせを見えない形ですることもあるので、されている方がすぐには気付かないこともある。どうも自分は嫌われているらしいということをあとから気付く。しかし確証がないので何もできないことが多い。

## ⑤ストレスはけ口型

●販売店のA主任は、ある日の朝、妻と大ゲンカをして、イライラしたまま出社した。Aは、部下のBがその日の仕入れにわずかなミスをしたことに腹を立て、机を叩きながらBを大声で叱責した。

このタイプは、家で夫婦げんかをしたとか、ギャンブルで大損したとかの仕事と無関係なストレスのはけ口として部下を怒鳴ったりする。八つ当たり型と言ってもよい。このタイプはストレスがなければ何事もない。感情を表に出すこともない。しかしストレスの程度によっては暴力まで振るうことがある。

**⑥会社ぐるみ型**

●小さな会社を経営しているAは、仕事のことで何かにつけて文句ばかり言うBを辞めさせたいと思っている。あるときAはBの上司のCと相談して、Bのデスクを他の社員と離して誰も声をかけないようにした。

会社の方針として、社長や管理職がある社員に対してパワハラをする場合である。退職させる目的でなされることが多い。

新型コロナウイルスで会社が雇用を打ち切るというケースが相次いでいる。中にはパワハラになるものもあるだろう。

退職の強要だけではない。会社全体が業績至上主義で長時間労働をさせるのは当たり前という場合も会社ぐるみと言えるだろう。

傾向タイプはどうすれば

このような傾向を持つタイプは、どうしたらよいのだろう。

瞬間湯沸かし器型とストレスはけ口型の場合は、感情とストレスをいかにコントロールするかが課題となる。特に怒りの感情を抑えることが必要となる。

アメリカの小説家マーク・トウェインは、「怒りを感じたら4つ数えろ」と言っている。もっとすごいのはトーマス・ジェファーソン米大統領で、「腹が立ったら、10まで数えよ。それでも怒りがおさまらなかったら100まで数えよ。それでもダメなら1000まで数えよ」と言っている。1000まで数えていたら相手が待てずにいなくなってしまうかもしれない。いずれにしても冷静になれということだが、人によっては数えようと思っていても数える前に暴言が出てしまう。

このようなタイプは、怒りの感情をコントロールすることが必要である。アンガー・マネジメントが提唱されているが、これも効果があるだろう。

ある社長は会議のとき、宮沢賢治の「雨ニモ負ケズ」の一節である「決して怒らず、いつも静かに笑っている」と書いたカードを置いているということだった。宮沢賢治は苦笑しているだろうが、効果はあるかもしれない。

鬼コーチ型、オレが一番型、好き嫌い型は、「自分の指導方法に間違いはない。厳しくするのは当たり前だ」とか「どうしても好き嫌いはある」という考え方なので、その指導や指示のやり方を変えるしかない。

そうは言っても、どのタイプでも今になって自分から性格を変えろとか、好き嫌いは持つなというのはまず無理だろう。変えられるのなら変えてるよと言われそうである。となれば、会社が研修などを通して自覚を促すしかない。その場合には、できれば職場のあり方として職場全体で話し合うことが理想である。このように会社全体が管理職のタイプを把握し、部下の働きやすさを真剣に取り上げる姿勢が大事だろう。

## 意図的パワハラと無意識パワハラ

ハラスメントには、はじめからいじめ・嫌がらせをする意図で相手に苦痛を与える意図的（intentional）パワハラと、そのような意図はなく、無意識に結果として行き過ぎた言動をしてしまうという無意識（unintentional）パワハラがある。意図的パターンが学校で起こるといじめになる。

もちろん意図的な場合の方が悪質性は高い。ラグビーやサッカーで意図的な危険行為は一発レッド・カードで退場になる。

意図的パワハラはパワーのある者が行うので被害が深刻である。学校でも集団というパワーによるいじめの被害が深刻なのと同じである。

職場で会社や管理職がそのパワーを使って意図的パワハラをしたとき、被害者はなすすべがない。例えば、ある管理職が、気に食わない部下を辞めさせるという意図をもって過大な仕事を与えたり、逆に全く仕事を与えなかったりすると、部下の身体的・精神的苦痛は耐え難いものになる。

ただ、この意図があったかどうかというのは、実際には見分けるのが難しい。

判決例には、出勤しても何も仕事を与えられず机の前に座らされているだけにされたという仕事外しのケースがあるが、このような外形上から意図的パワハラであることがはっきりしている場合は白黒の判断は難しくない。

しかし実際の例としては、意図的かどうかが明らかでないことが多い。というよりも、それをわからないようにすることが多い。

本当にこわいのは無意識パワハラ

無意識パワハラは、いじめや嫌がらせの意図はない。普通に仕事上の指示や指摘をしているつもりなのにとか、部下が喜んで仕事をしてくれるから頼んだのにといったときに、結果として行き過ぎたという場合である。

パワハラ傾向のない誰もが気付かないうちに加害者になってしまう。本当にこわいのはこの無意識パワハラである。無意識パワハラをケースで考えてみよう。

●管理職のAは、部下のBに新しく開発した商品の販売戦略をまとめるように頼んだ。Aとしては、Bは販売の経験が少ないがBにとって難しいとは思わなかった。ところがBには荷が重すぎた。Bは予定の日までにまとめられず、すっかり自信を失い会社を休みがちになってしまった。

Aは感情的になってもいないし、瞬間湯沸かし器型でもない。普通の管理職である。AはBへの指示がパワハラになるという意識は全くない。しかし結果としてBに過大な負担を与えて苦痛を与えてしまっている。

このケースで、AのBへの指示がBに精神的苦痛を与えることを全く予測し得なかったときはパワハラにはならないが、経験の少ないBにとっては過大であり、大きい精神的苦痛を与えることを予測し得たときはパワハラになる。

「そんな甘いことでは人は育たない」という不満がAには残るかもしれないが、重要なのは「結果として」苦痛を与えたという点である。管理職は結果を求められるのだから、この点は改善の余地がある。単に指示を出すのではなく、「期待しているのでちょっと高いハードルを設定した。もしも難しいようなら早めに相談してくれ」といった言葉が添えられていれば、結果は異なっただろう。

●部下のＢは、仕事でちょっとわからないことがあるたびに上司のＡに聞きに行ったりメールで尋ねたりする。Ａは、Ｂが自分の頭で考えるようになってほしいという思いから、Ｂが質問してきても自分で気付くようにと考えて質問を無視するようになった。ＢはＡが答えてくれないので毎日が不安になり、出社できないほどになってしまった。

このケースで、ＡはＢを指導しようとして質問に答えないでおこうとしている。Ａにはパワハラという意識はない。Ｂのためを思ってのことである。しかし結果的にはパワハラになっている。これも無意識パターンである。

Ａが自分の意図をＢにしっかり伝えないと、このようなことが起こる。放任というパワハラである。

メンタル不調の部下には

メンタル不調というのは、心の病気の症状をきたしていることを言う。メンタル不調の危険性がある状態のことはメンタルヘルス不調と言う。

職場での心の病は大きな問題である。昭和大学医学部の岩波明教授は、メンタルヘルスケアに取り組んでいる事業者は増加していても、対応が現場任せ、人事任せになりがちであると指摘している（岩波明『心の病が職場を潰す』新潮新書・2014年）。

特に最近、経営者や管理職が、メンタルヘルス不調やメンタル不調の部下にどう対応してよいかわからないという声をよく聞く。メンタルヘルス不調の部下は、はじめはメールで「体調不良のため、きょう休ませてください」と連絡してくるのだが、体調不良が続き、メンタル不調となって会社を継続的に休むようになり休職するケースが多い。

上司として大事なことはメンタルヘルス不調の段階で対応を間違わないことである。昔なら「少しくらい体調が悪くても出てこい」と言う上司がいたが、今はそうはいかない。休みたいというメールに、「ずる休みするな」などと返信したらそれでアウトである。

上司として部下と面談をして症状を聞くときも、「この人手のないときに休まれると困るんだよ」とか「ゲームばっかりして寝不足なんじゃないの」と言うのもアウトである。

部下がメンタル不調となり医師の診断書を持ってくることがある。このとき上司が驚いたあまりに「何だこれ。こんなのだったら早く言ってよ」と言うのもアウトである。

そうではなく、「そうか、うつ病か。うつ病はしっかりと休むことが大切と聞いているので、無理せず治療に専念してくれ」「あとのことはオレに任せてくれればいいから」と対応すれば、部下は心置きなく治療に専念できる。

難しいのは、部下がメンタルヘルスに問題がありそうなので休むように言っても休まなかったり、医師の受診を勧めても受診を拒否したりする場合である。

休むように言っても休まないときに、会社が休職命令を出せるかというのは裁判にもなるほどの問題である。その労働者の職務を限定していない場合には、会社は配置転換など手段を尽くした上でなければ休職命令は無効になる。

また医師の受診を拒否する場合に、業務命令として受診を指示できるかという点も争われることが多い。これについても受診を拒否しているというだけで出された命令は無効とされる。受診する医師の指定については、会社側の医師の指定が合理的で相当な範囲であれば労働者側の医師指定の自由を侵害しないとされている。

## 発達障害の疑いのある部下には

最近、発達障害という言葉を聞くことが多い。発達障害というのは、ＡＳＤ（アスペルガー症候群などの自閉症スペクトラム障害）、ＡＤＨＤ（注意欠如多動性障害）、ＬＤ（学習障害）などの総称である。

かつて発達障害は子供の問題とされていたが、大人にも発達障害があることが最近指摘されるようになっている（岩波明『大人のＡＤＨＤ』ちくま新書・２０１５年）。

職場では、相手とのコミュニケーションがとれない、相手の気持ちがわからない、人の話を聞かないで自分が言いたいことだけを言う、すぐにカッとなって怒ってしまうといった対人関係のトラブルがＡＳＤやＡＤＨＤによる場合がある。

発達障害というのはその言葉から否定的なイメージがあるが、早期診断と適切な教育・学習があれば改善すると言われている（河野俊一『誤解だらけの「発達障害」』新潮新書・２０１２年）。

また、ＡＤＨＤであることを仕事に生かした企業人もいる（立入勝義『ＡＤＨＤでよかった』新潮新書・２０１７年）。

上司としては、部下にそのような疑いがある場合には、医師のアドバイスを受けながら、できれば本人に専門医の診察を受けるように促すことが必要だろう。

ハラスメントとの関係では、経営者や管理職として、部下の発達障害を理解することなく適切な対応をしないことが、パワハラになることがある。また部下の側からの上司への逆パワハラが発達障害による場合は、部下に対してそれが発達障害によるものとして対応しなければならないときもある。

いずれの場合も産業医などの専門医のアドバイスを得ながら対応する必要がある。なお、専門医のアドバイスを受ける際に、個人を特定せず症状を伝えて相談することはプライバシー侵害にはならない。

### 部下に言ってよい言葉・悪い言葉

会社でパワハラについての研修をしたときに必ず出るのは、「これは言ってはいけないというような、パワハラべからず集のようなものはありませんか」という質問である。

私は部下に言ってよい言葉と悪い言葉のべからず集を作っているのでその一部を紹介しよう。

#### ●部下に言ってよい言葉

・**「なぜミスしたか、一緒に考えてみようか」**（この言葉があるかないかで部下が受

ける印象は全く違う。叱責のときの必須語句である）

・「**オレはこうしてくれるとうれしい**」（管理職研修で必ず出てくる、いわゆるI《アイ》メッセージである。これがYOU《ユー》メッセージになると「君はこうしないとだめだろう」と一方的なメッセージになる）

・「**君にはこんないいところもあるんだから**」（叱責のときに欠点ばかりを強調すると部下は立ち直れない。といっても、いいところが見つからない部下もいる）

・「**君の得意なところから始めようか**」（これは部下に自信を持たせるためである）

・「**どんなことがあっても君の味方だから**」（叱責の最後に使われる決めゼリフである。こう言ったからには味方にならなくてはいけない）

●部下に言ってはいけない言葉

・「**なんでできないんだ**」（これはよい言葉の「一緒に考えてみようか」の裏にあたる。部下からすると、それがわからないから苦労していると言いたくなる）

・「**やるのが当たり前だろ**」（こう言われては反発するだけである）

・「**もうオレは知らん**」（このように突き放してしまうとコミュニケーションが断絶

する）

・「**会社に入って何年になるんだ**」（これもよく出るセリフであるが、言われた部下はむなしくなるだけだろう）

・「**あいつはこんなに営業成績がいいのに**」（比較されると劣等感が植え付けられ、自信を失うだけである）

パワハラ経営者、管理職にならないための５つの心得

この章の最後に、パワハラ経営者、管理職にならないための５つの心得をまとめておこう。

**１　自分がパワハラ傾向タイプに当たるときは部下への言動に注意すること**

**２　グレーになることをこわがらず、必要なフォローを怠らないこと**

**３　叱るときには叱り方5原則**（次章１６３頁）**を守ること**

**４　部下が喜んで仕事をするように指示指導の説明をすること**

**５　部下との良好な人間関係を作りコミュニケーションをとること**

この5つの心得に付け加えたいことがある。

経営者や管理職の方には、ハラスメントを普段は「広め」に捉えておくことをお勧めしたい。「この程度ならばパワハラにはあたらない」「法的な要件を満たしていないからパワハラではない」「取引先からなのでパワハラではない」といった捉え方は「狭く」捉える思考法である。こうした思考法は予防の観点では有益とは言い難い。予防あるいは危機管理の観点からは、「広め」に捉えた上で対策を講じておくことが望ましい。会社の方針や自身の言動を考える上でも、「広め」の思考法を実践するほうがリスクは下げられる。

一方で、現実にパワハラが問題化した場合には、法的な要件、パワハラをより「狭く」捉えた定義を武器として戦うこともありうると思う。「これはパワハラだ。慰謝料を払え」といった主張に対して、「法的に見た場合に、そうとは言えないのでは」という理論武装が必要になることがある。もちろん、そういう事態にならないのが一番いいのだが。

# 第8章　グレーゾーンをこわがらない方法

## グレーゾーンとパワハラの境界線

「まえがき」で、サラリーマン川柳「これセーフ？　部下への言葉　ググる日々」を紹介したが、実際にネット検索してもセーフかアウトかはわからないだろう。

グレーゾーンというのは文字通り黒と白の間のグレーな部分である。何がパワハラで何がパワハラでないかがわからない、つまり黒のゾーンと白のゾーンのどちらに入るかがはっきりしない言動のことだ。

たしかに自分の言動がグレーゾーンにあると思うと、あとからこれがパワハラだと申し立てられたらどうしようと不安になる。

実際にも厚労省の2016年度実態調査で、管理職がパワハラで最も知りたいことは、

「パワハラにならない指導、部下等への接し方」だった。

　これに関してよく言われるのが、上司の指示指導とパワハラの線引きである。どこで線を引くのかわからない、境界線はどうやって判断したらいいのかわからない、という不安である。

　これはグレーゾーンをどうしたらよいかということと基本は同じである。要するに線引きができなかったり、境界線がわからなかったりするためグレーになるからである。

### グレーゾーンのときの判断基準

　グレーゾーンと言っても、普通の会社の経営者や管理職、公務職場の管理職の言動はほとんどが白のゾーンか、あったとしても白に近いグレーゾーンだろう。

　経営者や管理職の言動がいつも黒のゾーンに入るような会社は、もはや文字通りブラック企業と言える。

　かといって、経営者や管理職の言動が常に白のゾーンにあるというような職場はどうだろう。いつも部下のご機嫌をうかがって仕事の指示指導をしていれば常に白になるかもしれない。しかしそのような職場は活気がなく発展性がないだろう。グレーをこわがって常に白であれというようなびくびくした職場では、部下の指示指導はできないし、部下も育たない。

グレーゾーンはなぜできるのだろう。

結論から言うと、それは検討会のパワハラ定義の3要件のうち、第2要件（業務の適正な範囲を超えて行われること）の**業務の適正な範囲**と、第3要件（身体的若しくは精神的な苦痛を与えること、又は就業環境を害すること）の判断基準である**平均的労働者の感じ方**という2つの基準が抽象的で確定しにくいからである。

ということは、この2つの基準の判断の仕方を身に付けておけば、グレーゾーンと思っても黒ではないと判断でき、安心して部下を指示指導できるだろう。

### 業務の適正な範囲の判断はこの2要素で

まず業務の適正な範囲の判断である。

ただ、何が適正かと言われても、「仕事なんだから適正なのは当たり前だろ」と言いたくなる人もいるだろう。しかしそれで終わるほど簡単ではない。

この適正な範囲をいくつかの要素に分解してみよう。わかりやすくするために、できるだけシンプルに考えることにする。

それは、①**業務上の必要性**と、②**言動の態様**の2つである。

判断基準がこの2つであれば、グレーだと感じてもそれが黒になるかどうかの判断がしやすいと思う。

①の**業務上の必要性**は、上司の指示指導が部下の仕事にとって必要かどうかである。仕事に関係のないことを命じるような業務に関係のない言動はこの要件を満たさない。

好き嫌い型の上司が気に食わない部下をわざと無視して飲み会に誘わないといったケースは、業務とは関係なく部下に精神的苦痛を与えるのでアウトである。

また、上司が急ぎでもないのに休日、部下宛てにメールを入れ、すぐに返事をするよう指示するというケースは、必要性がない場合に当たるだろう。

テレワークをしている部下に、「在宅勤務の状況を見るから、カメラを動かして部屋の中を見せろ」というのもアウトである。

業務上の必要性で判断が最も難しいのが、業務が過大かどうかである。第3章のパワハラに当たる6つの行為類型のひとつである「過大な要求」がこれである。

長時間の残業を強いるほどの業務量を命じる場合なら間違いなく過大だろうが、上司からするとたいした仕事量でもなく、とても過大とは思えないのに、部下が過大と感じるというギャップがあるとグレーになって判断に困る。

このような場合に過大かどうかは、その業務内容、部下の能力、時間的余裕などからケースバイケースで判断することになるが、基本的には繁忙期などの必要な場合であれば、部下に通常より多めの業務を担当させることは適正な範囲だろう。

部下がハラスメントと感じる場合として、「管理者の業務であるにもかかわらず、業務命令で仕事を振ってくる」（厚労省の２０１６年度実態調査）というのがある。

つまり部下は上司も相応の負担をしているかどうかを見ていて、それでパワハラと感じるかどうかが決まるということである。これは管理職として注意しなくてはいけない。何でもかんでも部下へ押し付けて、部下の手柄はオレの手柄、オレのミスは部下のミスはアウトになる。

この必要性の判断の中に、部下の心身の状況の理解という点がある。部下の心身の状況によっては、その部下に業務を指示指導することが適切でない場合がある。

例えば、上司が部下に今日中にレポートをまとめろと言ったとする。その業務量は決して過大なものではない。しかし心身の状況がよくない部下にとっては、過大な仕事になることがある。

ただこの場合は、上司の側が部下の心身の状況を知っているか、知ることができたはずというのが前提になる。部下の体調が悪いことを知ることができない状況で部下に過大な仕事を与えてもパワハラにはならない。

この意味で、上司は部下の心身の状況にふだんから関心を持って知るようにしなければ、部下への指示がパワハラになる可能性が出てくる。部下のことに無関心な上司が、部下がそんな状態だとは知らなかったと言っても、普通の上司なら把握できたはずとされて、責任が生じるからである。

メンタルが不調な社員への対応はグレーゾーンの問題でもあることに注意する必要がある。

### 言動の態様とは

②の**言動の態様**は、指示指導の仕方である。暴力や人格否定発言などの威圧的言動はレッド・カードである。この要素は特に叱責の場面で問題になるので、あとで改めてまとめてみよう。

言動の態様でアウトなのは怒鳴るだけではない。厚労省の2016年度実態調査では、部下がハラスメントと感じる場合として「業務の相談をしている時、パソコンに向かったままで視線を合わさない」というのがある。これは無視というハラスメントである。

上司としては、パソコンに向かって急ぎの仕事をしているときに部下から相談があった場合、そのまま部下と視線を合わさず指示することもあるだろう。このようなときは部下が上司の状況を知らないと、誤解によるコミュニケーションギャップが生じグレーになってしまう。

ただ、このような場合は黒にはならないだろう。上司が部下を意図的に無視したわけではないからである。とはいえ、部下が無視されたと感じるのはハラスメントではないとしても放置しておいてよいわけではない。上司としては部下が無視と誤解したことを知ったときは、部下に、無視したわけではないことを伝えておいた方がよい。

### 平均的労働者基準とは

次は、第3要件の**平均的労働者の感じ方**である。この判断を簡単に言えば、普通の労働者を基準にして、普通の労働者ならば精神的苦痛や就業環境が害されたと感じるだろうかと当てはめることである。

逆に言えば、その言動で普通の労働者は精神的苦痛や就業環境が害されたとまでは感じないという場合はパワハラにならないということである。

例えば、上司が5人の部下に営業で得意先回りを命じたとする。4人の部下は「はい、わかりました」と言って営業に出た。ところが部下のひとりだけは得意先回りがいやでたまらず、上司の指示に対して精神的苦痛と就業環境が害されたと感じるのでパワハラだと主張したとする。平均的な他の4人の部下はパワハラと感じないとなると、このケースではパワハラにはならないということになるだろう。平均的労働者は精神的苦痛と就業環境が害されたとまでは感じないと判断できるからである。

しかし部下といってもさまざまな個性があるし、心身の状況も異なる。平均的労働者を基準にすればパワハラにならないからといって、個々の部下の個性や心身の状況の把握を怠ってはいけない。

### グレーゾーンはフォローが大事

このように、グレーと感じたときは、業務の適正な範囲と平均的労働者基準によって判断するのがよいのだが、このグレーを白に近付ける効果のあるのが言動の後のフォローである。

例えば部下の体調を十分配慮せずに仕事の指示をしたときとか、無理な仕事を頼んだときにグレーと感じることがあるだろう。

そのようなときに、その部下が仕事を終えたあとで、体調や気持ちを確かめることで部下の心情はかなり変わる。仕事への感謝の気持ちを伝えるとか、ねぎらうだけでもよい。もし体調が悪化したときはすぐにケアを考えるのがよい。

そうしたフォローがないときに、部下の精神的苦痛が増してグレーが黒になることは十分にありうる。

叱責の場合もフォローが大事である。叱責されれば誰でも精神的苦痛を受ける。そんなとき叱責のあとで上司から、例えば「君に期待してるんだから」とか「こういうミスから学ぶことが大切だよ」というような一言とか、リカバリーの機会を与え、うまくいったら評価するなどが大切だ。

このフォローは、パワハラ３要件の精神的苦痛に関係している。フォローによって精神的苦痛が和らぎ、要件に該当しなくなるということになる。あるいは職場環境が害されるという要件に当たらなくなるということもあるだろう。

## 教育指導のときの線引きはどこに

この判断基準を具体的に当てはめてみよう。部下を教育指導する場面と、部下がミスをしたときなどの叱責の場面で考えてみる。

言うまでもなく、経営者や管理職にとって部下を教育指導するのは大事な仕事のひとつである。昔は徒弟制度のような仕組みがあって、弟子は親方の仕事を横で見ながら仕事を覚えた。今は見て覚えろとはなかなかいかないが、経営者や管理職が部下に仕事を教える機会は多い。

そんなときに上司としての言動が「パワハラで違法です」などと言われたら、こわくて教育指導ができなくなる。

では、パワハラかそうでないか、その線引きはどうしたらよいか。判断基準で考えてみよう。

まず必要性である。この点はまず問題がないだろう。教育そのものの必要性は会社では当然のことだからである。

問題は言動の態様である。この行き過ぎはアウトになる可能性が高い。まず傾向タイプとして鬼コーチ型はあぶない。自分もこうやって育てられたとばかりにガンガンしごく。これは言動の態様として相当性を超える。

新入社員の行き過ぎた研修が問題になったことがあったが、第1章で挙げた大学4年の男子学生が就職の内定している会社の人事課長からパワハラを受け、入社前に自殺したケースもそのひとつである。

教育指導をしているときに部下がなかなか内容を飲み込めないことで腹を立てて怒鳴ったり、あげくは物を投げたりすることも起こる。この場合もアウトである。

### 叱責のときの線引きはどこに

グレーゾーンが最も多く発生するのは、上司から部下への叱責だろう。叱責はどうしても感情が伴う。思わずカッとなるのは部下が何かミスをしたときが最も多いだろう。判決例を見ても叱責時のパワハラケースが圧倒的に多い。

他方で部下を育てるのに叱責は必要である。叱られなければ部下は育たない。叱られることによって、部下は自分のミスの重大さとどうすれば再発しないかを考えるきっかけになる。

中にはパワハラになるのがこわいので叱らない上司もいる。もちろん叱らなければそもそもパワハラにはならない。しかしそれでは部下は育たない。叱らなければその部下は同じミスを繰り返すだろう。叱るべきときには叱らなければ部下のためにもならない。

叱るとしてもニコニコしながら叱れば部下の精神的苦痛は伴わない。しかしそれでは叱責にならない。部下から軽く見られるのがオチだ。

叱責を判断基準に当てはめてみよう。

必要性はここでも問題はない。叱責の原因となるミスなどの問題行動があったのだから必要性はある。

ただし、叱責の原因となるミスが実はその部下の責任ではなかったという場合は叱責の必要性はなかったのだから、ミスの原因を十分に確認しないまま間違ってその部下を叱責したことになり、パワハラになる。

叱責の場合は言うまでもなく言動の態様がポイントである。

まず暴力は一発レッド・カードである。それどころか、懲戒解雇という会社からの退場処分を受けることもある。

人格否定発言もアウトである。叱るときに感情的になるとついついこのような発言が出てしまうので要注意である。

ほかの社員のいる前での叱責も、見せしめの公開処刑なのでよくない。ほめるのは人前で、叱るのは1対1でというのは、時と場合によるがよく言われる原則である。

では、どうしたらパワハラにならない叱り方ができるだろうか。

**部下の叱り方5原則**

管理職は社内研修で部下の叱り方を学ぶことが多いだろう。経営者も社員の叱り方の研修を受けることがあるかもしれない。

いずれにしても、このときはこう叱ればよいというようなマニュアルはない。それよりも叱り方のポイントを知っておけばよい。ここで弁護士が教える部下の叱り方5原則をお伝えしよう。

それはこの5つである。

**①叱責の原因である事実に間違いはないか**

②叱責の原因に対する弁明を聞いているか
③叱責の態様に行き過ぎはないか
④叱責が社員間の公平を欠いていないか
⑤叱責がペナルティを伴うときに過大になっていないか

①は、叱責の原因である部下のミスという事実に間違いがないかどうか、十分確かめたかということである。不十分な情報をもとに誤った原因で叱責することは「冤罪」になるおそれがある。

②はその部下から言い分を聞くということである。誰にでも弁明したいことはある。これを聞かないことは叱責の前提を欠く。ちなみに弁護士のことを、「有料言い訳代行業」と言った人がいたが、たしかにそういう面はある。

③は怒鳴る、机を叩くなどの威圧的な言動をしないということである。長時間の叱責もここに含まれる。

④は同じミスをしているのに別の部下はおとがめなしなのに、その部下には厳しく叱責するというような不公平な扱いをしないということである。

⑤は部下のミスに対して当面その仕事の担当からはずすという程度は特に問題はないが、それ以外に何らかのペナルティを与えるときにそれが行き過ぎないようにするということである。判決例には、販売目標を達成できなかった美容部員にコスプレをさせて研修に参加させたというものがある。

私はパワハラ研修でこの5原則を説明するときに、子どものいる参加者には家で子どもを叱るときに当てはめて理解してもらっている。

子どもを叱るときに、①子どもがしたということが間違いないか、②子どもの言い分を聞いているか、③体罰を加えたりしていないか、④兄弟姉妹でいつもひとりだけを叱るということはないか、⑤罰として行き過ぎはないか、である。こう説明するとたいていわかってもらえる。

部下が喜んで過大な業務をするとき

例えば、ある上司が部下に、「あすまでに100ページの報告書を仕上げてくれ」と指示したとする。この仕事量はどう見ても過大である。部下は「そんなの無理です」と言いかけたが、これを他の同僚ではなくわざわざ自分にやれということは、上司が自分にチャンスを与えてくれたのだと思って、徹夜で仕上げて翌朝、「できました！」と持ってきた。上司は、「よくやったな。ごくろうさん」と喜び、部下は「チャンスを与えてくださってありがとうございました！」と言う。ドラマにありそうな熱血ストーリーだ。

おそらく誰もが経験しているように、上司からボロクソに言われたり、無茶な仕事を指示されたりしたときでも、これが自分を鍛えるため、自分にチャンスを与えてくれるためと思えば苦痛には感じない。そのようなときは、その仕事を、苦痛どころか喜んでやるだろう。

このような場合は、パワハラ3要件のうち、第3要件である平均的労働者を基準とした精神的苦痛がないからパワハラにはならないということになる。

ただ、いくら部下が精神的苦痛を感じないと言っても限界がある。また部下が喜んで仕事をしたと言っても、本当に喜んで仕事をしたか疑わしいときもある。つまり、部下が「こんな難しい仕事を任せていただいてありがとうございます」と口で言っても、実際には精神的苦痛や身体的苦痛を受けていることがあるということだ。

この場合は、その部下の真意はどうかという解釈になる。口で言っていることが必ずしも真意とは限らない。ましてや上司には本当の気持ちが言えないということはいくらでもある。このような場合は、いくら部下が口では「ありがとうございます」と言ってもパワハラになる。

実際に、スポーツの世界ではこのようなことはよくあるだろう。野球部のコーチが守備で何度もエラーをする部員を鍛えようとして何時間もノックの雨を降らせる。その部員は最後は倒れてしまうが、コーチに、「ありがとうございました！」と感謝する。この部員は、コーチに「こんなにノックを受けさせるのは行き過ぎです」とはとても言えない。しかし実際には精神的苦痛を受けているのである。

## 部下との共通認識

部下を育てるために厳しく教育指導したいが、取り方によってパワハラととらえられては困るという場合に、最もよい方法は部下にその指導が自分を鍛えるためであると理解させることである。

それは、スポーツの世界で、厳しいトレーニングをコーチから命じられても、自分を強くしてくれるためと思ってそのトレーニングに励むのと同じである。

ただ、部下が自分のためなのだと理解するためには、上司の側だけが思っているだけでは伝わらない。「黙っていてもわかるだろう」ではだめである。上司の指導が部下を育てるためであることについて、部下としっかり共通認識を持つことが必要である。

もちろん限度はあるが、このような共通認識があれば、部下は喜んで仕事をするだろうし、精神的苦痛がないのでパワハラにもならないだろう。

### 良好な人間関係とコミュニケーションの意味

どんなパワハラ研修でも一番初めに言われるのは、部下との良好な人間関係とコミュニケーションが必要だということだろう。これもパワハラ3要件のうちの第3要件である精神的苦痛に関連する。

部下が上司の指示指導の意図を知れば、その指示指導がある程度過大なものであっても、精神的苦痛を感じずに仕事をすることが期待できる。上司と部下との良好な人間関係とコミュニケーションというのはパワハラ要件から見ると、このような意味がある。

# 第9章　問題化した場合のリカバリー

## どう見ても黒なら

部下から「それはパワハラです」と言われるときにはいろいろな場合がある。ひとつは、例えば管理職がストレスのはけ口として理由もなく部下を怒鳴るというような、どう見ても黒の場合である。

もうひとつは、それとは逆に、部下にふだん通りの指示をしただけなのにパワハラと言われるというような、どう見ても白の場合である。

その間にグレーゾーンの場合があるが、この場合の対応方法は第8章でまとめた。

まずどう見ても黒の場合である。ケースで考えてみよう。

●A部長は、近ごろどんなことにでもすぐにカッとなってしまうように感じている。この間も、駅のホームで向こうからくる若者が歩きスマホをしていたので、ムカッとしてわざとぶつかって行ったことがあった。

あるとき、部下のBが持ってきた営業報告書がひどい内容だったので、カッとなって、「何だこれは。ばかやろう！」と怒鳴り、報告書をBに向かって投げつけてしまった。Bから「部長、投げることはないんじゃないですか。パワハラでしょう！」と言われた。Aはしまったと思った。

このケースは、どう見ても黒である。

必要なことは、謝罪と修復である。鬼コーチ型やオレが一番型は、自分のやり方は間違っていないという考えなので、謝罪することに抵抗があるかもしれない。しかし、初期対応としては謝罪から始めなければならない。

次は修復である。これはBとの話し合いから始める。いったん途切れたコミュニケーションを自分の方から修復することが必要である。

●A課長は、いつもどうやって部下を育てようかと考えている。あるとき部下のBが仕事で大きなミスをしたことがわかった。そのミスはAが前から注意するように言っていたことである。Aは課長席にBを呼んで叱責した。ところが、Bが根拠のない言い訳をした。Aは思わず、「ばかやろう！　自分がミスしておいて、よくそんなくだらない言い訳が言えたもんだ！」と大声で怒鳴ってしまった。Aは、しまった言い過ぎたと思い、すぐにBに「済まなかった。ついカッとなって怒鳴ってしまった」と言った。そしてBに、「もう怒鳴ったりしないから、今度の君のミスを一緒に考えてもよいか」と言った。Bは、「私の方こそ申し訳ありませんでした。ミスの原因を一緒に考えさせてください」と答えた。

これが修復の例である。部下とこのような会話ができれば、A課長はこれからは怒鳴らないだろうし、Bもミスから学ぶことができるだろう。

さらに進めたのが次のケースである。

●A課長が部下のBのした大きなミスについて怒鳴ったことを、その課の全員が聞いていた。AはBに謝罪したあと、課のメンバーに、Bへの叱責を聞いて不安にさせたことを謝罪した。そしてパワハラ防止のためにどうしたらよいかを課全体で話し合った。その話し合いでは、課長以外の上司からパワハラを受けて不快に感じたことや、仕事上のさまざまな不満や不安がいろいろと出てきた。言うだけ言ったあと最後は和気あいあいとなって、これからは不快とか不安に思ったら相手に伝えるようにしようということになった。

このようになるかどうかは、管理職のリーダーシップによる。ふだんから風通しのよい職場でないと、なかなかこうはならないかもしれない。

どう見ても白なら

ある言動はあったが、どう見ても白の場合はどうだろうか。つまり、客観的に白であることがはっきりしているのに、黒だと言われたときである。これもケースで考えよう。

●A課長は、部下Bからあすの取引先でのプレゼンテーションのために作った資料を受け取った。しかし、その資料は重要なポイントが抜けていたり、間違っていたりしたので、Aは「これじゃ使えないよ。よく調べて、もういっぺん一から書き直してくれ」と言って、Bに資料をそのまま返した。決して大声で怒鳴ったわけではない。ところがBは、「その資料は一生懸命作ったんですよ。それなのに一から書き直しなんてパワハラじゃないですか」と言った。

使えない報告書を、部下自身に一から書き直すように指示することは通常の業務として問題はないから、パワハラにはあたらない。このようなグレーとも言えない白のケースでも黒と言われたときどうするか。

この場合に最もまずいのは、A課長がカッとなって、Bに「何がパワハラだ！」と怒鳴ってしまうことである。そうなると白が一挙に黒になる。

手間はかかるが、A課長としては、B自身が調べて一から書き直すことはパワハラにはならないことを伝えて、Bの誤解を指摘するのがよい。

このように上司からの指示や指導がパワハラにならないのに、それに不快感を持っただけで部下がパワハラだと指摘することがある。その防止策としては、どういう場合にパワハラにならないかを研修等で周知しておくのがよいだろう。

全く身に覚えがないときは

ケースによってはパワハラと指摘された言動自体をしたことがない場合がある。全く身に覚えのない場合である。

●A課長は、部下のBとの人事面談で、「ふだんの仕事振りに緊張感が足りないので、よい評価は付けられない」と言った。Bは「そんなことないですよ。一生懸命やってるのに」と不満気だった。

数日後、Aは人事部から呼ばれた。Bからパワハラ相談があったというのだ。その内容は、会議室でのBとの人事面談のとき、人事評価で口論になり、Aが怒ってBを押したためBが椅子から転げ落ちたというのである。Aは全く身に覚えがなかった。

これに近いケースが実際にあった。Bがこのように主張している以上は、人事部はAとBから詳しいヒアリングを行うだろう。もちろんAは事実無根であると強く主張すべきである。

ヒアリングでは、他の社員にも、口論を聞いたかどうか、椅子から転げ落ちる音を聞いているかなどが聞かれるだろう。AとBのその前後の勤務状況も聞かれる。

実際のケースでは、他の社員は口論も椅子の音も聞いておらず、何よりも会議室から出てきたBはそのあとも普通に仕事をしていたということが決め手になり、Bが虚偽を述べたことが明らかとなった。虚偽の申し立てをしたBは懲戒処分を受けた。

### ヒアリングと事実調査はどうなる

最後のケースのように、ハラスメント相談があったとき、ヒアリングが行われることがある。誰がヒアリングするかは会社の大小による。大きな会社では人事部などが担当することが多いが、役員や部長などの管理職が当たることも多い。小さい会社だと社長自らがヒアリングすることもある。

ヒアリングでは事実があったかどうかが聞かれる。ただ、このヒアリングは白黒を付ける裁判とは違う。あくまでも相談案件を解決することが目的である。また裁判の証人尋問ではないので、証拠調べには限界がある。そのため、ヒアリングなどで白黒の判断ができないときはグレーのままで解決が試みられる。

しかし、ケースによっては白黒を付けなければならない場合がある。その場合は事実の確定のための事実調査に入ることがある。会社によっては弁護士を入れた事実調査委員会を設置したり、もっと大がかりなときは委員すべてを第三者にして、いわゆる第三者委員会を設置するところまである。

特に懲戒事案になる可能性のある場合は、懲戒処分のあとで懲戒処分無効確認訴訟になる可能性があるので、会社としては懲戒処分が裁判で無効とならないように慎重に手続を進めるため、調査委員に弁護士を加えることが多い。

調査委員会での調査では、当事者に弁護士が付くこともある。どちらかと言えば、被害申立者側よりも相手方に弁護士が付くことが多い。弁護士が付かない側が証拠集めや事実の争い方でどうしても不利になることは否定できない。そのような場合には、調査委員会が弁護士が付かない側に、弁護士に相談するよう勧めることもある。

ただそのように勧めても、本人にとって弁護士費用が壁になる。法テラスという組織があり、弁護士費用の立替えをしてくれるが、資力要件があるので、それをクリアしなければならないのがネックである。

### 言った言わないの世界

ハラスメントは当事者だけしかいないところで起こることが多いので、双方の証言が真っ向から対立し、いわゆる言った言わないの水掛け論になることが避けられない。

言った言わないという対立する事実について事実認定をするときに、ハラスメントの事実調査と裁判とは大きな違いがある。

テレビドラマの裁判のシーンを思い浮かべてほしい。テレビドラマで描かれる裁判の多くは刑事裁判であるが、主人公の被告人の側の弁護士が検察側の証人に対して厳しく尋問をして、目撃証言をひっくり返すというシーンがよくある。これは反対尋問と言って、相手側から出た証人に対して問いただして、その証言の証拠力をつぶそうとするものである。裁判では証人がこの反対尋問に耐えることで、その証言の信憑性が強まる。

しかし、事実調査のヒアリングは裁判ではないのでこの反対尋問がない。そのため証言の信憑性の判断には限界がある。

例えば、パワハラの裁判では、「私は部下を無理やり飲み会に誘っていません」と言う上司に対して、被害者側の弁護士は前もっていろいろと事実を調べておいて、反対尋問として「あなたは部下の奥さんが病気であるのを知っていましたね」「それなのに誘うのが無理やりでないと言うんですか」というような尋問を次々として、その上司を徹底的に追い込んでいく。しかし、ヒアリング担当者はこの弁護士のように厳しく追い込むようなことはしないだろう。

もうひとつの違いは、裁判で証人が虚偽の証言をすると偽証罪という処罰規定があるが、ヒアリングではそのような刑事罰はないことである。真実の証言を得られるかどうかについては、この違いも考えておかなくてはいけない。

### メールとICレコーダーは強力な証拠

事実認定で重要になるのは証拠である。パワハラで決定的な証拠になるのはメールやLINEなどのネット上のやりとりである。そこに相手の人格を否定するようなことが書いてあれば動かぬ証拠になる。

多くの事実調査をしていると感じるのは、メールやLINEはつくづくこわいということである。相手が目の前にいないので、つい過激な言葉を使ってしまう。この点は本当に注意しなければいけない。

メールやＬＩＮＥが証拠として出されると、それが仮に一時的な感情で書いたとしても、相手に届いている以上はその記載のとおりに事実認定される。それを防ぐには、とにかく送信前に文章をいったん頭の冷蔵庫に入れて、しばらく冷ましてから送信することである。

また、もうひとつの動かぬ証拠は録音である。ケースによってはビデオ画像が出てくることもある。

録音データに暴言が記録されていると、これも反論できずそのまま事実認定される。会社での研修では、「ＩＣレコーダーやスマホで秘密録音したときにそれを証拠に使えるか」という質問がよく出る。証拠になるというのが答えである。

ほとんど笑い話だが、人事面談で上司は部下が自分の悪口を言うと思い、部下は上司が自分を非難して怒鳴ると思い、それぞれがＩＣレコーダーで録音をしていたということがある。

また、実際にあったケースだが、部下が上司をパワハラで訴えようと考えて、上司と二人だけのときにわざと上司を怒らせるようなことを言って上司を怒鳴らせ、それをこっそりＩＣレコーダーに録音してハラスメント被害の申し立てをした。この部下は上司が怒鳴ったところだけの録音データを出したが、ハラスメント調査でその前後も出すように言われて部下の挑発がわかった。その上司のパワハラは不問に付され、部下が懲戒処分を受けた。

他にも、「日記やメモはどうか」という質問を受けることがある。日記やメモもその内容に迫真性があり、ほかの事実との矛盾もないときは証拠としての価値が認められる。特に日記は継続して書かれていると証拠力が強まるので、自分の部下への日々の対応を書いておくことを勧める。

巻末の判決例2－⑨は上司が人事面談の際に無断録音したことは違法ではないとしている。1－③は手帳のメモの証拠価値を認めたものである。

### 懲戒処分はどうなる

ヒアリング調査が行われてパワハラと認定されたときには、その内容によって会社から懲戒処分を受けることがある。

懲戒処分には、会社によっていくらかの違いがあるが、軽い順に、戒告・譴責・減給・出勤停止・降格・諭旨解雇・懲戒解雇が一般的である。就業規則に規定がないと懲戒処分ができないので、自分の会社の懲戒規定は見ておいた方がよい。

懲戒処分は、懲戒理由があることと、懲戒処分に相当性があることが、有効となるための条件である。

懲戒理由の重要なポイントは事実認定に誤りのないことである。そのため懲戒審査に当たっては、場合によって弁護士を賞罰委員会の委員に入れて事実を審査する。この事実認定に誤りがあると懲戒処分が無効となることがあるので、非常に詳細な事実調査をすることがある。

懲戒処分の相当性というのは、①処分が重すぎないか、②処分が公平か、③必要な手続がなされているかである。

①の処分が重すぎないかというのが最も難しい。その行為による被害内容、行為の目的、手段、頻度などの行為の態様、本人の勤務態度、懲戒歴、反省の程度、被害者の意向などの情状によって総合的に判断する。会社によっては懲戒処分の量定基準を決めている。まだ決めていない会社には決めておくことを勧める。

第5章で紹介した人事院の懲戒処分の量定は会社でも参考にできるだろう。

行為内容が悪質で被害の程度が大きい場合は懲戒解雇もありうる。量定については、裁判所の判決例等からある程度の「相場」が形成されているので、弁護士に相談した方がよい。

②の処分が公平かというのは、同程度の行為には同程度の懲戒処分がなされるべきであるということである。この点については、その会社のそれまでの処分例を検討することになる。

③の必要な手続というのは、就業規則で懲戒処分手続が決まっているときはその規定に基づいた手続が行われたかということである。

また手続としては、処分対象者に処分対象事実を示して、それに対して弁明の機会を与える必要がある。懲戒処分について賞罰委員会がある会社とない会社があるが、賞罰委員会がない会社でも、少なくとも本人に弁明の機会は与えた方が無難である。

なお普通解雇という処分があるが、これは社員としての適格性や能力がないと判断された場合の問題なので懲戒処分ではない。ただハラスメントを繰り返すような管理職は、適性や能力を欠くとして普通解雇もありうるだろう。

## 刑事事件になると

刑事事件と一言でいうが、それには、警察による捜査、検察官による起訴不起訴の判断、裁判という段階がある。

警察による捜査の端緒はパワハラでは被害届や告訴が多いだろう。

被害者から被害届や告訴があったとき、警察はまずどれだけの証拠があるかを確認する。傷害の診断書があり、目撃者もいるなどの場合は捜査が開始されることが多い。ただ、テレビで見るような家宅捜索とか、ましてや逮捕ということはよほど悪質でなければ考えられない。

警察の捜査のあとは検察官への送致（送検と呼ばれている）になる。

検察官は起訴不起訴を決めるが、そのときまでには加害者にとっては、示談を成立させた方がよい。示談の成立が起訴不起訴を決める大きな要素だからである。ただ相手に重傷を負わせたような場合は、示談が成立しても起訴されて裁判になることが多い。

## 裁判になると

もし懲戒処分になったときにそれを争う場合、ひとつには会社に異議を申立てて懲戒処分を撤回するよう求める方法がある。ただ会社は、いったん発令した懲戒処分はよほどのことがない限り撤回しないのが普通だ。しかし前提事実の誤りなどがあれば撤回されることもある。

会社が処分を撤回することがなければ、さらに争う方法は裁判になる。裁判には通常の懲戒処分無効確認訴訟のほか、労働審判や仮処分という手続がある。労働審判や仮処分は迅速に結論が出るが、そこで解決しなければ訴訟で結論を出すしかない。どの方法がよいかは弁護士と相談して決めた方がよい。

懲戒処分を争う方法は、処分の前提事実が違うという主張と、処分の量定が重いという主張が主なものであるが、それ以外には手続が適正ではなかったという主張もある。裁判で争うときはこの分野を専門にする弁護士を見つけることを考えたほうがよい。といっても、弁護士の探し方はなかなか難しい。ネットにはいろいろと弁護士が専門分野を掲げているが、なかなかその情報だけではわからないだろう。

弁護士会には、弁護士が自分の専門分野を登録して法律相談に応じているところがある。東京の弁護士会などがそうだ。地方の弁護士会でもパワハラに強い弁護士の紹介をしてくれるところがあるかもしれないので、問い合わせてみるのがよいだろう。

弁護士費用はわかりにくい。かつては日本弁護士連合会が基準（旧基準と言っている）を作っていたが、今は弁護士ごとに報酬基準が異なる。ただ弁護士の多くは日弁連の旧基準を使っている。

いずれにしても、依頼時に費用のことはきちんと確認しておかないと、弁護士との間でトラブルになる。

巻末に弁護士などの専門家による相談窓口をまとめたので参照してほしい。

# 第10章　管理職が被害者になるとき

## 管理職が被害者になることは多い

「我々こそパワハラ被害者だよ」――多くの管理職の実感だろう。このことは厚労省の2016年度の実態調査でもはっきり出ている。

過去3年間で、被害者つまりパワハラを受けたことがあると回答した男性管理職は36・7%、女性管理職は36・4%であった。同様の回答は、男性正社員全体で見ると34・8%、女性正社員全体で見ると35・1%だったから、管理職と正社員全体とでその比率はほとんど変わりがない。

管理職は日ごろから「パワハラをするな」と会社からさんざん言われていて、そのための研修を受けている。しかし実際は、被害者となる比率は管理職と管理職でない社員とで変わらない。

さらにこの調査では、過去3年間にパワハラを受けたと感じた者に対してその後の行動として何をしたかという質問をしたところ、何もしなかったと答えたのは、男性管理職が59・6％、女性管理職が39・1％であったが、正社員全体では男性正社員が48・4％、女性正社員が29・3％だった。これは管理職の方が管理職でない社員よりも泣き寝入りしているケースが多いことを示している。

この「泣き寝入り」も管理職の実感だろう。パワハラを受けても、管理職ならそれくらい自分でなんとかしろと言われるのではないか、管理職不適格と思われるのではないかなどと考えてしまって声が出せないのである。

このようなことからすると、管理職には加害者にならないようにとの研修と合わせて、被害者としての研修もしっかりとすべきだということになる。

これに関連して、管理職には**名ばかり管理職**という問題がある。会社からは管理職とされていても、名ばかりで長時間労働を強いられたり残業代が出なかったりする問題である。2019年4月からの働き方改革でその改善が目指されているが、店長や支社長という肩書はあっても、権限もなく、上からのさまざまな指示指導によってハラスメントの被害者になることが少なくないのが実態だろう。

管理職が部下からの逆パワハラを受けることも少なくない。

部下が業務上必要な知識や豊富な経験を持っており、その協力がなければ業務が円滑に進まない場合に、部下が上司の指示指導を聞こうとしない場合は部下のパワーによるハラスメントである。

部下にそのようなパワーがない場合でも、次に述べるモンスター部下からの暴言はハラスメントになる。

## モンスター部下には

部下がいつも自分と良好な人間関係を持ってくれてコミュニケーションをとれるわけではない。いくら働きかけても人間関係が作れない部下もいる。

特に最近の若い社員は自分から意見を言うことがなく、何を考えているのかさっぱりわからないという声をよく聞く。

もっと困るのは、何を指示しても文句を言って、少し強く注意するとキレて逆に怒鳴るようなモンスター部下である。

このような部下には、部下から上司への暴言はハラスメントであることを警告し、少なくとも厳重注意をしておく必要がある。その際に、再び同様の行為をしたときには懲戒処分に付される可能性がある旨を告げておくことも必要である。

このような厳重注意をしたにもかかわらず、同様の行為があれば懲戒処分を科すことになるだろう。

いずれにしても、モンスター部下をそのまま放置することが最もよくない対応である。このような対応をすると、他の社員の就業環境が大きく害されるだろう。

また、攻撃的な言動をする部下にメンタルの問題があることが少なくない。その場合には産業医の受診を勧める必要がある。

### ネット中傷へは即時対応を

ＳＮＳによるネット中傷としては、上司が部下を誹謗中傷するより、部下が上司を匿名でネット中傷するケースの方がよく見られる。

ネット中傷に対しては、とにかく即時対応の必要性がある。情報の拡散が早いこととプロバイダー（通信業者）が発信者情報などアクセスに関する情報を早い段階で削除してしまうことがあるからだ。

　ネットの書き込みはほとんどが匿名であるが、匿名でも、ネットの発信自体は匿名ではない。ＩＰアドレスという端末1台ごとに割り振られる識別符号があり、それをたどれば発信者の特定は可能である。被害者は書き込みの削除請求と発信者情報開示請求という方法によって発信者を特定して損害賠償まで請求できる。しかし実際には、時間と費用がかかり、簡単にはいかない。

### 削除請求と発信者情報の開示請求の実際

　ネット中傷が新聞や週刊誌と決定的に違うのは、その匿名性と情報の拡散性である。ネット中傷の被害が深刻なのはこの性質によることが大きい。

　女子プロレスラーの木村花さんの自殺事件をきっかけにして、ＳＮＳによるネット中傷に対して書き込みの削除請求と発信者情報開示を迅速にする方法が検討されている。総務省はこの事件の前から有識者検討会を設置して議論しているが、現行制度から大きくは変わらないのではないかと言われている。それは表現の自由との兼ね合いがあるからだ。

表現の自由の問題があるので、プロバイダーは削除請求しても容易に応じないのが通常である。そこでやむなく裁判所の判決や決定をとる。これには時間も費用もかかる。名誉毀損に当たるとして裁判をしても、裁判所が名誉毀損には当たらないと判断し削除を認めてもらえないこともある。

発信者情報開示はもっと面倒である。プロバイダーの多くは請求しても、任意にはIPアドレスを開示しないので、裁判をしてその開示を求めるしかない。そのときに発信者の住所・氏名・電話番号までわかればすぐに発信者が特定できるが（ただし発信者が正しく登録しているのが前提）、実態として発信者は、プロバイダーに住所・氏名・電話番号などを登録していない場合が多い。そうなると被害者は第2段階として、IPアドレスをもとにして、発信者が使った端末（パソコンやスマホ）がどのプロバイダーを利用しているかを調べ、そのプロバイダーに対して住所氏名等を開示するよう、これも裁判で求めることになる。第1段階で時間がかかっていると、この第2段階のプロバイダーが発信者情報を削除してしまっていることもある。

このように現状は、第1段階と第2段階の2つの裁判をしなければならない。さらに損害賠償までとなると3つの裁判をしなければならない。これをすべて弁護士に依頼すれば、弁護士費用は簡単に100万円を超えてしまう。このような実態なので被害者が泣き寝入りし、それをよいことにネット中傷がなくならない。

### メンタルに影響があるとき

第1章でも取り上げたように、ハラスメント被害によって深刻な精神障害が起き自殺するという悲惨なケースが後を絶たない。それも周囲が気付かないうちに、短い間に自殺にまで追い込まれることも多い。

業務上の出来事を原因とする精神障害は、ハラスメントだけでなく、職場でのさまざまなストレスによって起こる。発症した精神障害が業務による場合は労災が支給されるが、厚労省の2019年度の精神障害の出来事別の労災補償支給決定件数を見ると、「ひどい嫌がらせ、いじめ、又は暴行を受けた」ことによるものが全体509件のうち79件とトップになっている。

このデータからしても、職場でのいじめ・嫌がらせによっていかに多くの精神障害が起きているかがわかる。

パワハラによる精神障害としては、適応障害、うつ状態、うつ病、不安障害などがある。これらはそれぞれ兆候がある。

中でも、特に気を付けるべきものはうつ病である。先の岩波教授は、もっとも職場を蝕むのがうつ病であると指摘し、会社としての対応の必要性を説いている（岩波明『心の病が職場を潰す』）。

厚労省の「こころの耳」というサイトには、その特徴として、良いことがあっても気分が晴れない、食欲不振や体重減少、決まって朝に気分が落ち込む、早朝に目が覚める、過度な罪悪感、などを挙げている。

管理職としては、もちろん部下にそのような兆候がないかどうかを常に気に留める必要があるが、それだけでなく、自らにそのような兆候があったときにはすぐに専門医に相談したほうがよい。

パワハラと労災請求

労働者が業務によって病気やけがをしたり、死亡したりしたときには業務災害として補償給付がなされる。労働者が業務災害として労働者災害補償保険（労災保険）の補償給付を請求することを労災請求とよんでいる。

パワハラによって精神障害が生じたとする労災請求は少なくない。このような労災請求があると労働基準監督署はパワハラと精神障害との因果関係（業務起因性）の有無等を判断して労災支給をするかどうかを決定する。

２０１９年度では、「ひどい嫌がらせ、いじめ、又は暴行を受けた」ことを理由とする労災支給決定は79件（うち自殺例は未遂も含め８件）で、不支給決定は95件であった。

ただパワハラと精神障害の因果関係が認められて労災支給決定があったとしても、それは行政としての判断なので、民事訴訟で会社や加害者に損害賠償請求をしたとき、裁判所は行政とは別に因果関係を判断する。そのため裁判所と行政の判断が異なることもある。

厚労省は、精神障害を理由とする労災請求があった場合の認定基準を作成している。この認定基準は、対象疾病の発病前おおむね6か月の間に、業務による強い心理的負荷が認められることを認定の要件の一つとしている。そして、その心理的負荷の強度については「**業務による心理的負荷評価表**」に基づいて判断するとしている。

認定の要件にはそのほかにも、業務以外の心理的負荷や個体側要因によるものではないことも入っている。これは家族が死亡したとか業務以外の出来事で大きな心理的影響がなかったかどうかを判断するものである。

心理的負荷評価表には、セクハラについては出来事として独立の項目があり、どのような場合に心理的負荷が強となるかが具体的に書かれているが、パワハラについては独立した項目がなかった。

この心理的負荷評価表が、2020年6月1日からのパワハラ防止法の施行に合わせて改正され、「**上司等から、身体的攻撃、精神的攻撃等のパワーハラスメントを受けた**」という出来事が加わった。

新しい評価表で心理的負荷が強となる例として挙げられているのは次のようなものである。

○上司等から、治療を要する程度の暴行等の身体的攻撃を受けた場合
○上司等から、暴行等の身体的攻撃を執拗に受けた場合
○上司等による次のような精神的攻撃が執拗に行われた場合
　・人格や人間性を否定するような、業務上明らかに必要性がない又は業務の目的を大きく逸脱した精神的攻撃

・必要以上に長時間にわたる厳しい叱責、他の労働者の面前における大声での威圧的な叱責など、態様や手段が社会通念に照らして許容される範囲を超える精神的攻撃

このような具体的な例が挙げられたことで、パワハラによる精神障害の労災認定がされやすくなるだろうと言われている。

# 第11章　問題集：あなたならどう動くか

ここまでパワハラ防止法のことを中心にしながら、パワハラの対応策について述べてきた。最終章にあたる本章では、いくつかのケースについて、それがパワハラにあたるかどうか、またどのように対処すればよいか、ご自身の問題として考えてみていただきたい。言わばパワハラ対応の問題集である。

## ケース1　【なぜオレがパワハラ上司に】

管理職のあなたは、部下のAに、あすの取引先でのプレゼンテーションのために急いで資料を作るように言った。Aは資料を作って持ってきたが、とても使えるようなものではなかった。Aには日ごろから指導はしているが、なかなか育ってくれない。あなたはAに、「またこれか。すぐに書き直しだ」と言った。大声で怒鳴ったわけではない。しかしAはとても不満そうだった。

しばらくして、あなたがパワハラ上司と噂されていることが耳に入った。あなたは、Aが噂を立てたと思ったが根拠はない。こんなことでパワハラ上司と言われるのは納得できない。しかしどうやって噂を打ち消してよいかわからない。


上司としてしっかり部下を育てていてもこのようなことが起こる。もちろんあなたの言動はパワハラにはならない。Aがあなたのことをパワハラ上司と噂を流しているとすると、Aのしたことがハラスメントになる。

この場合に噂だからと放置するのはよくない。何らかのアクションを起こした方がよい。ただその場合にはAから直接話を聞くことから始めるのは得策ではない。

このような噂の裏付けを取る際には当事者からではなく周辺から聞き取るのがよい。他の部下からその噂を誰から聞いたかを聞く。このような裏付けの取り方を「外堀法」と言う。そのときに他の部下には、自分の言動を説明してパワハラにならないことを説明して噂を打ち消すようにする。次にその聞き取り結果に基づいて、Aから話を聞く。

Aは否定する可能性が高いが、あなたはAに、あなたの言動はパワハラではなく、もしAが噂を立てたとするとハラスメントになることを伝えて釘を刺しておく必要がある。
最も適切でない方法は、いきなりAを呼んで、Aが噂を立てたと断定して叱りつけることである。このようなことをすると、その叱責がパワハラになってしまう。

**ケース2【一生懸命指導しているのに】**

あなたは社員が30人ほどの部品製造業の会社で現場の工場を任されている。数年前に入ってきた若い社員のAにいろいろと教えているが、なかなか仕事を覚えないので苦労している。ある日、あなたはAにつきっきりで指導した。
ところがAが横を向いたままやる気を見せないので、「何だその態度は！　やる気あるのか」とつい大声を出してしまった。Aはそのまま帰ってしまった。翌日からAは会社に来なくなった。

指導に熱心な余りに大声を出してしまったケースである。日ごろから指導していたにもかかわらず、業務に必要な技量が不足している場合に、上司として厳しく指導をすることに問題はない。では、あなたが怒鳴ったことがパワハラの第2要件（業務の適正な範囲を超える）に当たるだろうか。この場合、大声で怒鳴ったとしても、それはAが指導に全く従おうとしなかったことによるもので、その言動も一回だけであれば、この第2要件に該当するとは言えないだろう。

ただ、このケースがパワハラにならないとしても、Aが会社に来ないことに対しては手を尽くしてAの状態を知る必要がある。この点はパワハラになるかどうかとは別で、社員のケアの問題である。

ケース3　**【グレーの場合】**

あなたは小さな食品製造会社の主任をしている。その日、たくさんの配達注文が来たので、部下のAに配達を指示した。Aは、「ちょっと今日、体調がよくないんですが」と言ったが、どうしても配達が必要だったので、「無理なら仕方ないけど、どうだろう」と言ったところ、Aは「わかりました」と言って配達に行った。Aは何とか配り終えたが、次の日、「体の具合が悪くなりました。もうやめるかもしれません」と連絡をしてきて、その日から会社に来なくなった。

自分の言動がはっきり黒とは思えないし、かといって白とも言い切れないグレーのときにどうするか。第8章でグレーの判断基準をまとめたが、このケースはどうだろう。

ポイントは、Aが体調不良を伝えたのに結果として配達に行かせたことで黒となるか、無理なら配達に行かなくてもよいと言ったことで白となるかというところである。

ケースによるが、そのときAが見るからに体調が悪そうだったのなら、たとえAが「わかりました」と言ったとしても、黒になる可能性が高い。

あなたとしてはすぐにAの状況を聞き、体調を十分に確認しなかったことを謝罪するなど、人間関係の修復を考えて十分なフォローをすべきだろう。直接の連絡が難しい場合は、ふだんからAが信頼している先輩や同僚からAの状況を聞き、Aとのコミュニケーションをとるのがよいだろう。

この場合、いずれ出てくるだろうとそのままにしておくのはよくない。最もしてはならないのは、あなたから「早く出てこい」としつこく電話やメールをすることである。このようなことをするとそのことで黒になる。

### ケース４【無意識パワハラ】

あなたは小さな町工場を経営している。あるとき、親会社から急に部品の発注があった。あすまでに作ってほしいという。あなたはとても無理な注文だと思ったが、断わると後がこわいので引き受けた。あなたが製造担当のＡに頼んだところ、Ａは二つ返事で、「わかりました。やります」と言って引き受けてくれた。Ａは徹夜で作業し、部品を届けることができた。しかしＡはこの作業のあと体調を崩し、入院するまでになった。Ａの家族が、あなたがあんな無理なことをやらせたのはパワハラだと言ってきた。

このケースは部下がやると言ってくれたので、あなたにはパワハラになるかもしれないという意識はなかった。しかし結果としては、Ａに身体的・精神的苦痛を与えて勤務ができない状況にしてしまった。あなたにはパワハラの責任があるだろうか。

ポイントは、あなたがこの部品の製造をＡに指示したときに、Ａは徹夜でやらなくてはならないことと、そのことで体調悪化を招くであろうとあなたが認識すべきだったかどうかである。経営者としては、その認識をすべきだっただろう。となるとパワハラの可能性が高い。この場合、Ａが、あなたの指示を二つ返事で引き受けたとしても、そのことでパワハラが否定されることにはならないだろう。
あなたとしては、Aの回復のためにできるだけのことをすべきである。このようなとき、Aの家族に、Aは断らなかったのでパワハラではありません、と反論するのはトラブルの原因になる。

**ケース5　【内容証明が来た】**

あなたは大きな会社の管理職である。部下のAが仕事でいつもミスをするので一度しっかり教育しなければと思い、あるときAを会議室に呼んで注意することにした。あなたがAにミスについて指摘したところAがいろいろ口答えをしたので、つい大声になり叱責が2時間以上になった。翌日からAは出社しなくなった。数週間経ったころ、Aの依頼を受けたという弁護士から、Aはあなたの過度の叱責によりPTSD（心的外傷後ストレス障害）に罹患したとして損害賠償の請求と傷害罪で刑事告訴するとの内容証明が届いた。

弁護士から内容証明が来たときにはどんな冷静な人物でも動揺するか憤慨する。ましてや刑事告訴をするなどと書いてあれば、オレを罪人扱いするのかと怒り出す人が多いだろう。

ただここは冷静に対応しなければならない。孤軍奮闘は避けなければいけない。まず会社の人事担当に相談することから始める。会社も責任を問われる可能性があるから、会社に情報を伝えることはかまわない。

ポイントはもちろんパワハラになるかどうかである。Aはあなたの言動を録音している可能性がある。またPTSDの診断書を持っている可能性も高い。

事実関係からすると、2時間にわたり大声で叱責することはパワハラの可能性が高い。AはPTSDに罹患しているということなので傷害罪が成立する余地もある。

もちろん、発端はAのミスではある。Aの口答えで叱責が長くなったという事情もあった。しかし、PTSDで休職しているという事実は重い。

できれば、自らも弁護士に依頼し、Aの弁護士と慰謝料等について早急に話し合ってもらうべきであろう。

## ケース6　【パワハラを見たとき】

あなたは、営業関係の会社の課長である。あなたは、隣の課のA課長がいつも部下に、「お前なんか、もうやめちまえ！」「この役立たず！」などと怒鳴り散らしているのを同じフロアで聞いていて、このままではいけないと思っている。しかしA課長はやり手で、そのおかげで会社の売り上げが伸びているので誰も注意しない。もし自分がA課長のことを会社に訴え出てもどうせもみ消されるし、へたをしたら自分が申し出たことがA課長に知れてどんな仕返しをされるかわからない。しかしあなたは、この課長がこれから部長になり役員にまでなるかもしれないと思うと不安でしかたない。

やり手の管理職のパワハラに対して、トップはわかっていても何もしないというケースは少なくない。このような管理職の日常的な暴言を見聞きすることは、そのことで精神的苦痛を受け就業環境が害されるので、あなたも被害者と言える。

あなたとしては、隣の課の部下が日常的に暴言を受けていることをまずトップに伝えることから始めるのがよいだろう。管理職の中で同じ考えを持っている者と一緒ならもっとよい。トップはこの課長がパワハラをしていることをわかっていても具体的な言動までは知らないことが多い。この企業風土を変えるためにはトップを説得することが不可欠である。証拠として被害者の部下にアプローチして被害内容を聞き取ることも必要である。ただ部下の安全を考えて、部下からの聞き取り内容をトップに伝えることはタイミングを見た方がよいだろう。

最も避けるべきことは見て見ぬふりをすることである。いじめでも傍観者の存在が被害を拡大させるからである。

ケース7 【カスタマー・パワハラ】

あなたは小さな飲食店を経営している。あるときパートの店員が、飲食にきた客から「料理の上に髪の毛が乗っていた。お前の髪の毛だろう」と大声で怒鳴られた。あなたはすぐに客のところに行って謝罪した。その店員はキャップをかぶっていて髪の毛が落ちるとは考えられなかった。しかし、新しく作り直すと言ってもその客は納得せず、「この店員にわび状を書かせろ。書かないとネットで言いふらす」と言っている。あなたはこの客にどう対応すればよいだろうか。

典型的な顧客からのカスタマー・パワハラである。カスタマー・パワハラの場合は、その顧客が求めていることと、自分の方でできることを初めの段階でしっかり確定しておくことが必要である。

この場合はその髪の毛が誰のものかはそれこそ鑑定をしないとわからない。しかし、そこまでのことはもちろんできないし、必要ではない。店主としてできることは、新しく料理を作ることと、過失の有無は別として、解決のためにその代金は取らないというのがぎりぎりのところだろう。

ところが、この客はわび状まで書け、書かないとネットで言いふらすと言っている。これは脅迫罪か強要未遂罪という犯罪行為に当たり得る。したがって店主としては、この要求をはっきり断るべきである。また犯罪なので、この客がしつこく要求してきたときは警察に連絡することも必要である。できればこの客との会話を録音しておくのがよい。

このようなクレームのあとの店員へのフォローも忘れてはならない。このような経験は、メンタルヘルスの不調につながるからである。

ケース8　【最悪の結果】

あなたの会社のA部長は、やり手で通っている。昇進も早い。今度新しくその部の課長に着任したのはAと同期のBであった。Bはそれまで、その部の仕事の経験がない。Aは、まだ仕事に慣れないBに次々と仕事を与えたが、Bはうまくできない。Aは、その都度Bを厳しく叱責した。Bは家での家族との会話がなくなった。会社でもうつむいていることが多くなった。周囲が心配になった矢先、Bは自殺した。それは課長に着任してからわずか2か月足らずのことだった。

これは名古屋高裁2010年（平成22年）5月21日判決をベースにしたものである。このケースでは、55歳の市役所の課長が、部長からのパワハラによって着任後わずか2か月足らずで自殺した。

私は研修でこの判決例を必ず取り上げる。このケースは決して他人事ではない。地方公務員の事例であるが、企業でも十分に起こりうるケースだからである。

このケースではAがパワハラ部長であることは周知の事実だったという。しかし、みんながこわがって誰も注意ができなかった。そこにB課長が着任したことが悲劇のはじまりだった。ケース6のようにパワハラを見聞きしたのに何もしないと、同じような結果になるかもしれない。

A部長について判決ではこう書いてある。少し長いが引用しよう（固有名詞は仮称）。

「A部長の部下に対する指導の状況は、○○市役所の本庁内では周知の事実であり、（略）過去にはこのままでは自殺者が出るなどとして人事課に訴え出た職員もいたが、仕事上の能力が特に高く、弁も立ち、上司からも頼りにされていたA部長に対しては、上層部でものを言える人物がおらず、そのため、A部長の上記指導のあり方が改善されることはなかった」

見て見ぬふりをすることがこのような悲劇を生み出すことを常に意識してもらいたい。

# 現場で役立つ最新パワハラ判決30選

ここ1、2年、実務上参考になる判決例が非常に多く出ている。そのいくつかを新しいものから順に挙げて簡単にポイントを示した。パワハラを認めなかったものが挙げられることが少ないので、パワハラを認めたものだけでなく、認めなかったものもできるだけ多く挙げた。両者を読み比べると裁判所の考え方がよくわかるだろう。

なお、引用した判決例の事案と判決は、パワハラに関連した部分だけをわかりやすく簡略化したもので、引用として厳密ではないことに留意してもらいたい。

## 1 パワハラを認めた判決例

### ①退職勧奨が違法に

【事案】総合電機メーカーであるH社でソフトウェア関連の業務を担当していたA課長が、上司のB部長から違法な退職勧奨等のパワハラを受けたとして会社に対し慰謝料1

00万円を請求した。

【判決】Bは Aとの複数回の個人面談において相当程度、執拗に退職を勧奨した。さらに他の部署の受入れ可能性が低いことや、Aが残るためには、Aが他の従業員のポジションを奪う必要があるなどとAを困惑させる発言をした。またAの業務の水準が劣るなど自尊心をことさら傷付ける言動に及んだ。これらを総合するとBの退職勧奨は違法である。慰謝料は20万円が相当である。（横浜地裁2020年〈令和2年〉3月24日判決・H製作所事件）

【ポイント】退職勧奨が違法かどうかは、実務でもその境界線が問題になることが多い。これまで多くの裁判例があるが、この判決のように、**退職説得行為そのものは違法ではないが、退職勧奨が本人の意思を不当に抑圧して精神的苦痛を与えたときは違法として**いる。ポイントは、本人の意思を不当に抑圧したかどうかである。このケースでは個人面談の際の勧奨の態様と内容が不当と判断された。退職勧奨がパワハラとして違法になるかどうかの判断例として参考になる。

### ②部下に対する暴行の慰謝料は

【事案】T消防組合の消防士A、Bらが、署長、副署長らから暴行などのパワハラを受けたとして組合に対し慰謝料各10万円を請求した。

【判決】Aらが主張するパワハラのうち、副署長が、Aの態度に立腹してAの膝の上に足を置いた行為と、Bが自分に対し盗みの疑いをかけたことに憤慨し、当たらなかったとはいえ空のペットボトルを投げつけて20分以上正座させた行為は、いずれも業務上の指導の範囲を逸脱している。これらの行為の慰謝料はそれぞれ3万円が相当である。

（高知地裁２０２０年〈令和2年〉3月13日判決・T消防組合事件）

【ポイント】パワハラと認定された行為は、上司による部下に対する暴行である。部下の膝の上に足を置いた行為について、上司はスキンシップのつもりだと反論したが、裁判所は認めなかった。また空のペットボトルを投げつけたり、正座をさせた行為について裁判所は、上司に盗みの疑いをかけた部下に責められる面がなかったとは言えないが、上司の行為はパワハラになると認定している。**上司が部下に対し感情のコントロールを失ったことから起きたケースである。**

③手帳の記載に信用性があるか

【事案】住宅建築請負会社B社に社長室次長として入社し、その後その親会社C社に転じたAが、B、C両社の代表取締役Dから約1年8か月にわたり、「役立たず」「死んだ方がよい」「辞めろ」などと言われたことによりうつ病になったとしてB、C両社に対し慰謝料520万円を請求した。

【判決】AがDから受けた暴言を毎日書き留めていたという手帳の記載内容は、すべてを鵜呑みにはできないものの具体性、迫真性があり、筆記具の種類が数種にわたっていること等から信用性がある。Dの言動はパワハラに該当しDは不法行為責任を負う。Dの言動は代表取締役としてのものなのでB、C両社も連帯して責任を負う。慰謝料額は100万円が相当である。（宇都宮地裁2020年〈令和2年〉2月19日判決）

【ポイント】パワハラの言動の認定について、被害者の手帳の記載内容を重視して認定の証拠にした判決例である。この手帳にはどのような暴言を受けたかが日々詳しく記載されていた。「全身の血が湧きあがるような感覚に襲われ、もうダメかなって感じだった。社長の怒鳴り声が耳鳴りとなって聞こえる」などの記載内容が具体性、迫真性があると認定された。筆記具の種類が違うことも日々書き入れたことの裏付けとされている。

**パワハラの被害認定に、日記的に詳細に記載した手帳等の証拠価値が高いことを示す例**であり、実務で非常に参考になる。日記が提出されたが、日付と出来事が一致しないなど信用性に疑問があるとされたものとして、東京地裁2018年（平成30年）3月19日判決（S製薬事件）がある。

④社員に配付した文書が名誉毀損に

【事案】不動産の売買、仲介等を業務とするB社の営業部長Aが、親会社の社長Cが社員に配付した文書によって名誉が毀損されたとして慰謝料等150万円を請求した。

【判決】C社長が配付した文書によりAの社会的評価が低下した。配付の違法性阻却事由は見当たらない。慰謝料は10万円が相当である。（東京地裁2019年〈令和元年〉12月17日判決）

【ポイント】C社長が配付した文書には、Aに脱税や犯罪行為を行った疑いがあるかのような記載があった。裁判所は、Aがそのような罪を犯したと疑わせる事情はないから名誉毀損になると判断した。このような**配付文書以外にも全社員に送信したメールが名誉毀損に当たるというケースは少なくない。**特に犯罪にかかわったといった内容は明確な根拠を持ったものでなければ原則的に名誉毀損に当たるので十分に注意した方がよい。

⑤パワハラをした社員への訓戒処分は相当

【事案】Ｔ税理士法人の人事部の課長Ａが部下Ｂにパワハラをしたとして訓戒処分を受けたことに対して、パワハラの事実を争い、慰謝料２００万円を請求した。

【判決】Ａは部下Ｂにパワハラをしたことが認められるので訓戒は相当である。慰謝料請求は棄却する。（東京地裁２０１９年〈令和元年〉11月7日判決・Ｔ税理士法人事件）

【ポイント】このケースでは、Ａが、部下の韓国籍のＢを叱責した際に、「あなた何歳のときに日本に来たんだっけ？　日本語分かってる？」と言ったこと、Ｂを自席の横に立たせ、フロア全体に聞こえるような大声で怒鳴りつけるという叱責を何度もしたことがパワハラと認定された。このような**差別的発言と叱責がパワハラとなるのは当然**だろう。

⑥老人介護施設長の職員に対する暴言

【事案】Ｃ社会福祉法人が開設している老人ホームで働く介護職員Ａら5名が、施設長

Bから、「品がない」「ばか」「泥棒さん」「あなたの子どもはかたわになる」「格差結婚」「学歴がないのに雇ってあげてんのに感謝しなさい」などと言われたり、施設利用者が手に便を付けたまま食事したことを、別の職員が見落としたことについて報告しなかったと強く叱責され、トイレ掃除用ブラシをまずBがなめた上でなめさせられるなどの被害を受けたとして、BとC社会福祉法人に対し、慰謝料各200万円を請求した。

【判決】Bは自らの意にそわないことについては慎重に検討することなく意のままに振る舞い行動していることがうかがわれるので、Aらが主張する発言があったことが認められる。トイレブラシの件は、再発防止策やミスをした別の職員の指導で十分なのに、トイレブラシを出すのは行き過ぎである。Bは職員にトイレブラシをなめるよう強要したと認められる。慰謝料は、Bの発言によるパワハラについてはAらに各15万円、トイレブラシの被害者については30万円が相当である。(福岡地裁2019年〈令和元年〉9月10日判決・C社会福祉法人事件)

【ポイント】老人ホームの施設長の職員に対するパワハラが認定された例である。Bは発言を否定したが、裁判所はBのふだんの行動を発言認定の裏付けとした。**パワハラの言動は言った言わないの世界になることが多いが、このような間接的な事実から認定さ**

**れることが多い。**トイレブラシの件は、先に自分がなめたとしても、そのことが職員への強要の要因になっており、叱責として行き過ぎであることは明らかだろう。

⑦校長の教諭に対するパワハラ

【事案】甲府市のB小学校の教諭であるAが、校長Cからパワハラを受けたことなどによりうつ病を発症したとして公務災害認定請求をしたが、公務外と認定されたのでその取消しを求めた。一審はAの主張を認め公務外との認定を取り消したので、被告の地方公務員災害補償基金が控訴した。

【判決】Aが児童の家で飼っている犬に咬まれたことについて、児童の保護者が学校に来て、Aが児童の母親に対して脅迫めいた発言をしたとしてAを非難したが、Aには何ら非難される理由もなく保護者の要求は理不尽なものである。校長Cが、Aに対して保護者に謝罪するよう求め、床に膝をついて頭を下げて謝罪させた行為はパワハラに該当する。公務外との認定は取り消す。（東京高裁2019年〈令和元年〉8月7日判決）

【ポイント】判決の認定事実では、保護者が学校に抗議に来た際に、校長が保護者の主張をそのまま認めて教諭に床に膝をついて謝罪させたというのだから、うつ病との因果関係が認められるだろう。このケースはカスタマー・ハラスメントに上司が加担したという形になる。会社でもこのようなことが起こりうる。**管理職としてはカスタマーの要求が理不尽なときはしっかりはねつけて部下を守らなければならない。**

⑧会社代表者による社員への暴行

【事案】菓子などを製造するK社の社員Aは、K社代表者Bから、肘で胸を突かれたり、背中を叩かれたりするなどの暴行を受け、また「私はあなたのことを全く信用していない」「給料に見合う仕事ができていないと判断したら給料を減額する」などと言われたとして、K社に対し、慰謝料300万円の支払いを求めた。

【判決】代表者BによるAに対する暴行と暴言は認定できる。慰謝料は50万円が相当である。（福岡地裁2019年〈平成31年〉4月15日判決・K社事件）

【ポイント】代表者Bは暴行と暴言を否定したが、裁判所はBがAの給与が高すぎることに常々強い不満を持っていたことなどから、Aが主張する暴行と暴言を認定した。このケースも**上司のふだんの言動が認定の裏付けとなっている。**

⑨丸刈りにされ花火を発射され土下座までさせられた社員

【事案】運送業等を業務とするO社で10トントラックの運転手をしていたAが、代表取締役の夫であるBがAに対し暴行や名誉毀損等のパワハラをしたことにつき、Bは事実上O社の代表取締役だったとして、BとO社に対して慰謝料150万円を請求した。

一審判決はBのAに対するパワハラは認定できるとし、Bと、Bが事実上O社の代表取締役の地位にいたとして、O社に対し、慰謝料100万円の支払いを命じた。BとO社が控訴した。

【判決】BのAに対するパワハラは認定できるので、控訴は棄却する。（福岡高裁2019年〈平成31年〉3月26日判決・O産業事件）

【ポイント】この判決で認定されたBのAに対するパワハラ行為は、①Aがトラックで帰社する前に温泉に立ち寄ったため帰社が遅れたことに腹を立てAを丸刈りにした、②社員がAを下着姿にして、洗車用の高圧洗浄機で水を至近距離から体に向けて噴射し、洗車用ブラシで体を洗う様子をその場で黙認し制止しなかった、③下着一枚で会社の裏の川に入るようAに命じ、社員に対し当てたら賞金を与えるとして至近距離からロケット花火を発射させ、逃げ出したAに対して石を投げさせた、④これらのいじめに耐えかねて失踪したものの所持金がなくなったため会社に戻ったAに対し、会社の前で長時間土下座をさせた、⑤会社のブログに、丸刈りにされ土下座しているAの写真等を掲載した、というものである。このような**執拗で苛酷ないじめと名誉毀損について慰謝料請求が認められたのは当然であろう**。

⑩被害者の個人的素因で損害額が減額されるか

【事案】Ｍ社のパチンコ店の社員Ａが、上司から継続的にパワハラを受けてうつ病となり退職せざるを得なくなったとしてＭ社に慰謝料５００万円を請求した。一審判決は、上司のパワハラによってうつ病となったことを認め、慰謝料は３００万円が相当とした。ただし、パワハラ行為による心理的負荷は極めて強度とまでは言えないことなどにより、Ａのうつ病には個人の脆弱性という個人的素因があるとして慰謝料を25%減額し、２２５万円とした。ＡとＭ社双方が控訴した。

【判決】Ａが上司のパワハラによってうつ病になったことが認められる。慰謝料は３００万円が相当である。損害額についてＡ個人に脆弱性があるとは言えないので、素因減額はしない。（大阪高裁２０１９年〈平成31年〉１月31日判決・Ｍ興産事件）

【ポイント】このケースで裁判所は、上司が、「ほんまええ加減にしとかんと殺すぞ」「お前をやめさすために俺はやっとるんや。店もお前を必要としてないんじゃ」と発言したことや、反抗的態度に対する懲罰としてAを約1時間にわたってカウンター横に立たせたことは社会的相当性を超えるとした。また店長がこの上司を指導しなかったこともパワハラとされた。

損害額については、精神障害の発病について**個人的素因があった場合には減額されることがある**が、控訴審ではAにはそのような素因はなかったとされた。

⑪部下の席の周りをパーテーションで仕切った上司

【事案】郵便局のお客さまサービス部に配属されたAが、上司のBから誹謗中傷や他の社員からの隔離などのパワハラを受け、局長も特段の指導や措置をとらなかったとして、Bと会社に対し慰謝料500万円を請求した。Bと会社は、Aの資質、能力が著しく劣っていたために厳しい指導をしたことは不法行為にならないと反論したが、一審判決はAの請求を認め、慰謝料は70万円が相当とした。A、Bと会社双方が控訴した。

【判決】Bによるパワハラは認められる。慰謝料は120万円が相当である。（東京高

裁2018年〈平成30年〉12月26日判決）

【ポイント】 裁判所は、Bが、Aの席をパーテーションで仕切っただけでなく、Aが席から立ち上がってきょろきょろ見回す動作をミーアキャットと呼んだり、パラサイトなどと誹謗中傷したりしたことをパワハラと認定した。また、Bのこのような言動は、新入社員であるAを他の社員から切り離して孤立させるなど、教育効果を期待し難い措置をとったとして、慰謝料額を一審よりも高く認定した。

⑫声を荒らげての退職勧奨

【事案】 グラフィックデザインやディスプレイデザインの企画及び制作を業務とする会社のディレクターであったAが、会社代表者Bから受けたパワハラで適応障害になったとして慰謝料200万円を請求した。

【判決】 Aが主張するパワハラのうち、BがAと面談して退職を勧奨した際、Aが退職に応じなかったことに激昂して、「お前は何様だ、個人事業主か、もう出て行ってくれ」などと言ったことが認められる。このようなBの言動は、退職勧奨の限度を逸脱したものでAに対する不法行為となる。それ以外のパワハラの主張は、上司としての注意においてやや感情的になったにすぎないから不法行為とまでは言えない。慰謝料は20万円が相当である。（東京地裁2018年〈平成30年〉12月26日判決・PI社事件）

【ポイント】この判決例も退職勧奨に関するものである。AはBのいくつかの言動をパワハラと主張したが、裁判所は退職勧奨の際の発言だけを違法とした。判決文からは明確ではないが、判決文に会話の細かい部分まで記載されていることからすると、このときの会話が録音され、言葉の調子などがパワハラと認定される一因となったのだろう。

⑬上司からの執拗な注意と叱責の責任

【事案】広告制作を業務とするP社の社員Aが、取締役の上司Bからのパワハラによって重い精神疾患を発病し休職に追い込まれたとして、BとP社に対して慰謝料300万円を請求した。

【判決】BはAの業務負担が増加する中、1年以上にわたり、Aにとって困難な目標の達成を求め続けたり、対処に窮するような指示を出し続けた。それらが実現できないと、指示に従わないとして厳しい注意、叱責を繰り返し、さらに叱責中のAの目つきや態度が気に食わないとして叱責したり、過去に叱責した問題を蒸し返して叱責したりするなど、もはや叱責のための叱責と化しており、業務上の指導を逸脱した執拗ないじめ行為である。慰謝料は250万円が相当である。（長崎地裁2018年〈平成30年〉12月7日判決・P社事件）

【ポイント】判決にあるとおり、Bの叱責は苛酷なものであるが、判決ではミーティングに参加させないなどの仕事はずしもパワハラとして認定されている。**慰謝料額はかなり高額であるが、それは指導というよりも意図的ないじめ行為であり、その結果、重い精神疾患を発病した**ことによるものだろう。

### ⑭パワハラに加担した上司は共同責任を負う

【事案】公益財団法人G会が設置する美術館に勤務していた学芸員Aが、他の学芸員から、「非常識」「信頼関係ゼロ」「ここの職員としてふさわしくない」などと非難されたため、急性気管支炎などを発症し退職せざるを得なくなったとして、その学芸員とこれに加担した上司の館長及び法人G会に対し慰謝料200万円を請求した。一審は、これらの言動による慰謝料を認めなかったのでAが控訴した。

【判決】他の学芸員と館長の言動は社会的相当性を逸脱する違法な退職勧奨であるから、

G会は使用者責任が、館長らは共同して不法行為責任がある。慰謝料は60万円が相当である。〈名古屋高裁2018年〈平成30年〉9月13日判決・G会事件〉

【ポイント】**継続的なパワハラに加担した上司も共同して不法行為責任を負う**と認定された。ただ一審ではパワハラとまでは言えないとしたので、境界線上のケースと言える。

⑮パワハラはあったが適応障害との因果関係は否定

【事案】ホテルなどの運営を業務とする会社の社員で、清掃スーパーバイザーチームに所属していたAが、上司のチームリーダーBから暴行を受けたほか、さまざまな嫌がらせを受けて適応障害になったとして、Bと会社に対し慰謝料200万円を請求した。

【判決】BがAの仕事ぶりを非難して腕をつかんで前後に揺さぶるなどの暴行を加え、逃げようとしたAが壁に頭をぶつけたため、Aに傷害を負わせたことは認定できるが、それ以外の上司の言動は、Aの数多くのミスに対する注意、指導であり、パワハラとは言えない。Aの適応障害は認められるが、1回だけの暴行との因果関係は認められない。会社は暴行についてBと共に損害賠償責任がある。慰謝料は20万円が相当である。〈東京地裁2018年〈平成30年〉7月30日判決・KY社事件〉

【ポイント】このケースでAは、Bの暴行以外に数多くの嫌がらせを受けたと主張していた。裁判所はBの暴行は認定したが、それ以外は、Aが業務に関し多くのミスを繰り返しており、それはAの基本的な注意力等の欠如や反省の乏しさ、習熟度の低さを表しているとして、Aに対する指導がある程度厳しいものとなるのはやむを得ないとした。部下のミスが繰り返されている場合に、ある程度の厳しい指導はハラスメントにならないことを示した判決例でもある。

⑯店長は部下が自殺することを予見できたか

【事案】家電製品の販売等を業務とする会社で、フルタイムで勤務する時給制の非正規社員であった女性Aが自殺した。その遺族である夫と長男が、店長BがAを配置換えして担当させた価格調査業務が過重であり、業務に思い悩んで自殺したとして、Bと会社に損害賠償として約3500万円を請求した。

【判決】BのAに対する配置換えは、業務の適正な範囲を超えた過重なものであって、強い精神的苦痛を与える業務に従事させたことは不法行為に該当する。しかしBはAが自殺に至ることを具体的に予見できなかったから、Bと会社にはAの自殺についての損害賠償責任はない。Bと会社が配置換えによってAに精神的苦痛を与えたことについての慰謝料は100万円が相当である。〈大津地裁2018年〈平成30年〉5月24日判決・KA社事件〉

【ポイント】このケースでは、上司が非正規社員に対し過重な業務をさせたとしてパワハラが成立するかどうかだけではなく、部下の自殺という結果に対して上司がそれを予見できたかどうかということが大きな争点だった。裁判所は**上司の指示によってAが自殺することまでの予見は不可能だったと認定した。**判決では、Aの配置換えが直ちに自殺に至るほどに、その心身の健康を損なうような強度の負担を負わせるようなものではなかったことなどを理由に挙げている。自殺の予見可能性についての判断の難しさを示す例である。

## 2　パワハラを認めなかった判決例

①工場でのミスの多い社員の担当の変更

【事案】金属加工販売業のB社の社員Aが、上司らから仕事を取り上げられ、一日中監視されたりしたことがパワハラであるとして、会社に慰謝料300万円を請求した。

【判決】Aは入社から12年以上経過した後も、加工作業におけるミスを相当な頻度で発生させ、中には、修正不能あるいは納期に間に合わないため再度製品の切断からやり直すに至ったり、納期を延期してもらったりする事態をも発生させている。それらのことからすると、Aに任せられる業務にも限界があったのであって、仕事を取り上げたものではない。監視していた事実もない。上司らの指示はパワハラではないので、Aの請求は認められない。（大阪地裁2020年〈令和2年〉3月3日判決）

【ポイント】本判決のように、**工場の業務でミスの多い社員の担当を替えることはパワハラには当たらない**。このケースでは、会社がAのふだんの業務内容を教育記録として残していたことがパワハラに当たらないことの証拠となった。記録の必要性を示す判決例である。

②暴力があったといっても病院に行っていないのは

【事案】不動産賃貸・売買の仲介等を業務とするB社の賃貸事業部長として勤務していたAが、数年にわたって、代表取締役Cから、「売上げもないのに給料ばっかり持って行きやがって」「お前みたいなやつはいらんわ、辞めてまえ、ぼけ」などと罵倒され、顔面を殴られたり腹部を蹴られたりするなど日常的に暴行・暴言を受けたと主張し、CとB社に対し慰謝料500万円を請求した。

【判決】Aは、Cから殴る蹴るの暴力行為があったというが、病院での受診等をしたことがない。CがAの売上げが低いことで暴言を浴びせていたというが、Aの売上げが格別低いとは言えないので、暴言があったとは言えない。その他暴力や暴言があったと認定するだけの証拠はない。（大阪地裁2020年〈令和2年〉2月6日判決）

【ポイント】Aは、Cの暴力行為は数年にわたり、殴る蹴るという非常に激しいものだったと主張したが、裁判所は暴力を認定できるだけの証拠はないとした。たしかにAが主張するような激しい暴力があったとすれば、**医師の診察を受けて診断書を取るというのが通常であるから**、Aの主張が認められなかったのはやむをえないだろう。ちなみにAは、Cが元ボクシングの大阪府代表だったことも主張しているが、裁判所はそのことが暴力の裏付けとなるわけではないとした。

## ③業務改善確認書へ署名させたことの是非

【事案】自動車販売、整備を業務とするＢ社の社員Ａが、精神疾患により休職し、休職期間満了によって退職となったが、休職は上司のパワハラによるものであり、退職は無効と主張した。Ａは会社から、販売実績について月間４台、粗利３２０万円を基本とし、年間48台３８４０万円を達成することとの過大な内容の業務改善確認書に署名させられたり、不当な配転などのパワハラを受けたりしたと主張し、Ｂ社に対し、約３００万円の損害賠償を請求した。

【判決】業務改善確認書への署名は、Ａの販売成績が芳しくないなどＡ自身に責められるべき点があり、販売目標台数は必達目標とされていなかったことなどからすると、社会的相当性を逸脱するものではない。配転についても、Ａの販売成績が伸び悩んでいるなど配転の目的は正当であることなどからすると違法なものとは言えない。（東京地裁２０１９年〈令和元年〉12月27日判決）

【ポイント】この判決では販売目標がノルマとして過大かどうかが争われたが、このケースでは**必達目標ではないから違法ではない**とされた。仮に販売目標が達成されなかった場合に過大な不利益が課せられた場合には、ハラスメントとなる可能性がある。

④体調不良の部下との面談での配慮

【事案】出版を通じた企業へのコンサルティング等を業務とするG社の社員Aが、適応障害とパニック障害になったことで休職し自然退職となった。Aは、副社長から、個人出版の契約を取れていないことを部内全員の前で叱責されたり、頭を撫でられるなどのセクハラを受けたことや、部長から、コメントが遅いなどと他の社員の前で叱責されたり、病院に行くのをやめるように言われるなどのパワハラを受けたことなどが原因なので、退職は無効と主張した。

【判決】副社長の叱責は「(個人契約が) 取れなかったら法人営業に戻すぞ」というもので、通常の業務指導の範囲を逸脱するものではない。頭を撫でたことはセクハラに当たりうるが、このことがAの疾病に有意な影響を与えたものではない。部長の叱責があったという裏付けはなく、病院に行くのを妨げたという事実もない。副社長と部長の言動と疾病には相当因果関係がないから退職は有効である。(東京地裁2019年〈令和元年〉11月27日判決・G社事件)

【ポイント】社員が精神障害を発症して休職し、休職期間が満了して自然退職となったときに、その原因がハラスメントであったとして自然退職の有効性を争うというパターンは非常に多い。この判決例もその一つである。

この判決では、部長とAとの面談で部長が、「病院に行くのはやめな」とは言っているものの、「早めに帰って、静養、あと食事をとって」と言ったり、定時より早い帰宅を認めていたりしたなどの事情から、部長はまず自分で体調不良の原因を振り返るように促したもので、病院に行くことを妨げたものではないと認定されている。**体調不良の部下との面談での配慮が重要であることを示すケースである。**

### ⑤支店長の営業目標の設定は過大か

【事案】S信用金庫に入社したAは、3年後に甲支店の営業課に配属された。Aは支店長のBから過大な営業の目標を示されて、「なんで俺が言ったことができないんだよ。死ぬ気でやってみろよ。今日寝なくていいから」「今年も同じような成績では許さないからな」などと日常的に罵倒や暴言を受け、仕事の目標を書いた決意書を書かされるなどのパワハラを受けたと主張した。Aは、これらのパワハラにより適応障害を発症し退職せざるを得なくなったとして、S信用金庫に対し、慰謝料と今後10年間の労働能力喪失による逸失利益の合計約1654万円の損害賠償請求をした。

【判決】Aが B支店長から日常的に暴言を受けたという証拠はない。Aの決意書は強制されたものではなく、営業の目標設定も過大なものではない。その他、B支店長の言動に業務上必要かつ相当な範囲を超えた言動は認められない。〈東京地裁２０１９年〈令和元年〉10月29日判決・S信用金庫事件〉

【ポイント】営業に関しての指示指導に関し、暴言があったとか、過大な目標設定であったと主張されることは少なくない。この裁判で、AはB支店長の暴言の証拠として診断書を提出したが、裁判所は**診断書の記載はAの説明を前提として作成されたもので、Aの主張を裏付けるものではない**とした。たしかに診断書の記載だけでは客観的な裏付けにはならないだろう。目標設定も、判決にあるとおり顧客を一日30件訪問するということが必ずしも達成困難ではないということであれば、過大とまでは言えないだろう。

**⑥先輩職員らは無視して返事もしなかったか**

【事案】T町に嘱託職員として勤務していたAが、先輩職員2名から挨拶を無視されたり、返事をしてもらえなかったりして抑うつ状態となり就業できなくなったと主張して、町と先輩職員2名に対し約６０００万円の損害賠償を請求した。一審はAの請求を棄却したので、Aが控訴した。
【判決】Aは、挨拶の無視について、先輩職員らが軽く会釈した程度であったために、これを無視と捉えた可能性が否定できない。先輩職員らがAに返事をしなかったのは、Aと先輩職員らとの職場内での関係が不良であり、同人らの間には会話らしい会話もないような状況にあったためで、返事をしなかったからといって不法行為が成立するものではない。〈名古屋高裁金沢支部2019年〈令和元年〉8月21日判決・T町事件〉
【ポイント】本件で裁判所は、先輩職員は挨拶をしなかったわけではなく、また先輩職員らが返事をしなかったのはAとの人間関係がよくなかったからで違法ではないとした。たしかに判決に書かれている状況では、挨拶や返事をしないとしても違法とは言えないだろう。Aは先輩職員らの言動について自分のメモを提出したが、**裁判所はメモの断片的な記載だけではパワハラを裏付けるものにはならないとした。また裁判所は、Aが他の職員にパワハラ被害を受けているとの申し出や相談窓口の調査もしていないこともパワハラを否定する根拠とした。**

⑦パワハラを理由とする労災保険給付の要件は

**【事案】** 防音工事などを業務とするB社の社員Aが、指導担当の課長からサービス残業を求められ、パワハラを受けて精神障害を発病したとして労災保険給付を請求したが、支給しないとの処分を受けたため、その取消しを請求した。

**【判決】** 本件では指導担当の課長が「ふざけんな、おまえ」「あほ」と述べるなど厳しい口調で指導していた事実は認められるが、課長が、指導の必要がないにもかかわらず単なる嫌がらせ等の目的で暴言を述べたり、何らの理由もなく指導の声が大きくなったりしたものではない。課長がAの頭を軽くはたいたりした事実はあるが、時期的に発病に有意な影響を与えたものではない。これらの指導や叱責の心理的負荷の強度は中と認めるのが相当であるから、労災保険給付を支給しないとの処分は適法である。（東京地裁2019年〈令和元年〉8月19日判決）

**【ポイント】** パワハラにより精神障害を発症したとして労災保険給付を請求するケースが増えているが、その要件のひとつとしては心理的負荷の強度が強の場合とされている。このケースで裁判所は、**課長からの厳しい指導や叱責はあったが、それらの心理的負荷の強度は中にとどまるとした。**パワハラの労災保険給付の判決例として参考になる。

⑧パワハラ相談担当者やコンプライアンス担当者も被告に

【事案】投資運用業であるN社のトレーディング部に所属するAが、上司2名からパワハラを受け、それを人事室に相談し、法務・コンプライアンス部に通報したのに、それらの担当者が適切な対応を怠ったとして、N社と上司2名、人事室、法務・コンプライアンス部の各担当者に対して、慰謝料420万円等の損害賠償を請求した。

【判決】Aはパワハラとして、Aが笑っていないにもかかわらず、「今笑っただろ」と罵倒した、パソコンでの作業中に「人が見ているときに画面を変えるな」と激怒しパソコンが置いてある机を蹴った、「なぜ（返信が）遅れたんだ」「社会人としての常識がない」「遅い。これでは作業を任せられない」「何をたらたらしているんだ。すぐに発注ボタンを押せ」と罵倒した等と主張する。しかし、Aが主張する事実は、上司の指導をAがパワハラと受け取ったにすぎないか、その事実を認めるに足りる証拠はない。また人事室、法務・コンプライアンス部の各担当者が適切な対応を怠った事実はない。（東京地裁2019年〈平成31年〉2月27日判決・N社事件）

【ポイント】Aがパワハラと主張する多くの事実に対して、裁判所がそのひとつひとつについて証拠を検討し、いずれもパワハラとは認定できないと判断した。**判決の事実認定が詳細で、会社でパワハラを認定するときに非常に参考になるだろう。**またこのケースでは、パワハラ相談を受けた人事担当者と通報を受けた部の担当者も被告になっている。今後、パワハラに関わる担当者の訴訟リスクが高くなってくることが予想される。対応を誤ると不法行為責任を負う場合も出てくるだろう。

⑨上司が人事面談を無断録音したのは

【事案】通信ネットワークシステムの開発等を業務とする会社のプロジェクトコーディネーターであったAが、退職勧奨がパワハラであるとして会社に対して慰謝料100万円を請求した。

【判決】上司がAとの面談で、会社に残っても給料は半分になると言ったとか、人事部が執拗な退職勧奨をしたとの事実はない。〈東京地裁2019年〈平成31年〉2月27日判決・NO社事件〉

【ポイント】Aは上司らの退職勧奨がパワハラであると主張したが、裁判所はAが主張した事実は認められないとして慰謝料請求を認めなかった。このケースでは、上司側が面談を無断録音していたようである。Aはこのような無断録音も違法だと主張したが、**裁判所は違法とは言えないとし、その録音記録に基いてパワハラだったかどうかを判断している。**

⑩147通の手紙を手書きで

【事案】不動産の売買、仲介等を業務とするB社（社員約100名）の支社長及び法務・コンプライアンス室長だったAが不祥事を起こして本社不動産管理事業部に異動となり、B社代表者から、顧客宛てに147通の手書きの手紙を書くことを命じられた。Aは一部を書いたが、残りは書かずに退職した。AがB社に対し、パワハラとして慰謝料200万円を請求した。

【判決】不動産営業の経験がないAに、手書きの手紙を作成するという基本的な業務に集中して取り組んでもらうという方針自体に関しては、相応の必要性・合理性に欠けるとまでは言えない。147通というのはあくまでも2日間での目標であり、無理にせかしておらず、文字数の削減等を配慮していたことなどからすると、嫌がらせの意図によるものとは言えないのでパワハラではない。（東京地裁2019年〈平成31年〉1月24

日判決）

【ポイント】この手紙は1時間で5通程度しか書けない分量だったので、147通を2日間で書くのは不可能と言うしかないが、**裁判所はあくまで目標数であることと、削減を配慮していたことを重視してパワハラにならないとした**。上司がAに目標数であることをどこまで伝えていたかによって結論が変わるだろう。

⑪社員の言い争い

【事案】ビルの清掃、管理を業務とするB社（正社員約10名）の営業所長のAは、ガンの手術から退院して職場復帰したとき、清掃の現場責任者である管理課長のCから「お前はここにいる価値がない。退職しろ。そのままガンで死んでしまえばよかったのだ」などと非人道的な発言をされ、その場にいた課長Dもそれに同調する発言をしたことで精神的苦痛を受けたとして、C、DとB社に対し慰謝料300万円を請求した。

【判決】AはCから、人手が足りないのでトイレ清掃を分担するように依頼されたとき、CがAの体調を気遣うことがなかったので気分を害し、「無理」とだけ返事をした。この返事にCが腹を立てて声を荒らげたので言い争いとなり、Aが主張するCの発言があった。このCの発言は、AとCがお互いに興奮状態で言い争いをする中の感情的、突発的なものである。CはAの詳しい病状を知らず、Aの断り方にもとげがあったから、Cが感情的になったことは理解できないものではない。Cはこの発言のあとAに謝罪している。これらのことからすると、Cの発言は違法とまでは言えない。Dの発言も同様に違法とまでは言えない。（東京地裁2019年〈平成31年〉1月23日判決）

**【ポイント】**C、Dの発言は職場における優位性を背景にしたものではないのでパワハラとは言えないが、職場で起きたハラスメントである。**発言の違法性は、発言内容だけではなく、その発言の原因や経緯、発言後の状況を総合して判断される。**発言がこのとき1回だけであったことも考慮されている。なお、社員同士の言い争いに会社は責任があるかについて、このケースでは社員の発言に違法性がないとされたので判断は示されなかった。会社の業務と関連性のない社員同士の言い争いに会社は責任は負わないのが原則である。

### ⑫派遣先の会社でのパワハラは

**【事案】**派遣元B社から、高速道路の設備点検等を業務とするC社に派遣されたAが、

C社において上司からパワハラを受けたのに、B社、C社はこれに対する適切な措置をとらなかったと主張して、B社、C社に損害賠償を請求した。

【判決】C社の上司がAに会議に関するメールを送らなかったり、会議で参加者にAを紹介しなかったりしたとしても、これはAを排除した違法なものとは言えない。Aは上司から「CADもできないのか」「イラストレーターもできないのか」と見下すような発言があったと主張するが、その事実は認められない。B社、C社が適切な措置をとらなかったということもない。（東京地裁2019年〈平成31年〉1月10日判決）

【ポイント】派遣労働者が、派遣先でのパワハラについて、派遣元と派遣先の会社を訴えたケースである。Aが主張する派遣先の上司のパワハラは認定されなかったが、**派遣先の会社でパワハラがあれば派遣先の会社に損害賠償責任がある。**派遣元の会社も適切な対応をしないときは損害賠償責任が生じる。

⑬叱責がパワハラにならないのは

【事案】B観光協会に勤務していたAが、休職したのは上司Cから、Aに責任のないことを30分以上にわたり他の職員の前で叱責されるなどのパワハラを受けてうつ病になったからとして、CとB観光協会に対し慰謝料300万円を請求した。

【判決】CはAに対し叱責の理由を合理的に説明しており、叱責の態様も大声で口調が強いものではなかった。また会話が1時間に及んでいても、不必要に同じ話を繰り返すことで精神的苦痛を与えるものではなかった。Cが社会通念上の許容範囲を逸脱し、業務指導の範囲を超え違法性を有する言動を行ったとは言えない。（大津地裁彦根支部2018年〈平成30年〉12月14日判決）

【ポイント】**裁判所は、叱責の理由の合理性、説明の有無、声の大きさ、口調、時間等で違法かどうかを判断している。**長時間の叱責はパワハラとされることが少なくないが、このケースでは不必要に同じ話を繰り返していたわけではないから違法ではないとしている。

⑭プレゼンの指導が1時間になっても

【事案】自動車用潤滑油の輸入、販売等を業務とするB社の社員Aが、支店長Cのパワハラによりうつ病を発症したとして、Cと、B社に対して慰謝料500万円を請求した。

【判決】支店の4名の社員全員が出席する月例会議で、CがAのプレゼンテーションに対して問題点を指摘したり改善を求めたりし、時にはそれが1時間にもなったことは会議の性質からして不当ではない。その他、Aが主張するCの言動はいずれもパワハラには当たらない。（大阪地裁2018年〈平成30年〉3月29日判決・B社事件）

【ポイント】AはCの言動によってうつ病になったとしてCの多くの言動をパワハラと主張したが、裁判所はいずれもパワハラには該当しないとした。AはCのプレゼンの指導が1時間にもなったことをパワハラと主張したが、**指導内容が多岐にわたれば1時間程度になったとしても、指導としては適正な範囲になり得るだろう。**

# あとがき

私は、顧問先だけでなく、さまざまな会社や教育機関からハラスメントについての講演や研修講師を頼まれる。そのときいつも注文されるのは難しい法律論より具体的なケースを挙げて説明してほしいということである。医師の症例と同じように私も多くの事例を経験しているので、そのときには自分が相談を受けたケースを少し変えたものや判決例を紹介して解説する。本書でも、法律の説明はどうしても理屈の世界になるが、そこから先はできるだけケースを挙げて説明するようにした。

研修でケースを挙げても、一方通行の解説では、「ああそうですか」で終わってしまうことが多い。研修で最も効果的なものはグループディスカッションだろう。最終章の「問題集」は、できれば管理職の方々でご自身の会社にあてはめてディスカッションしてもらうとよいと思う。

私がグループディスカッションの講師をするときには、簡単に答えの出ないような「難問」を出すのだが、グループの検討結果を発表してもらうと、こちらが驚くほど的確な回答が来ることが少なくない。弁護士が出動するのはトラブルになってからが多いのでなかなか現場のことがわからない。この点では、日常的に現場で苦労されている管理職にはやはり現場力があると実感する。

とはいえ医師が病気の予防策を説くように、弁護士もどうしたらこのようなトラブルを予防できるかを伝えることができる。本書はこのようなトラブル予防の視点でも書いたつもりである。

トラブル予防という点では、就業規則などの社内規定の作成には十分な配慮が必要である。トラブルになると、規定の解釈が争点になることが多いからである。社内規定の作成には専門家の助言を受けることをお勧めする。

本書で管理職が部下からパワハラ相談を受けたときのことを書いたが、経営者や管理職がどれだけ社員や部下から信頼されているかは、社員や部下からどれだけ相談があるかでわかる。

サッカー日本代表の森保一監督を育てた今西和男氏はリーダーシップに必要なことは

「聞く、話す、考える」であると言っている（「読売新聞」2020年8月6日付朝刊）。この中で特に「聞く」ことが大事だろう。

私の法律事務所では、近くの中学校の職場体験を引き受けているが、そのときに生徒から、「弁護士として一番必要なことはなんですか」と聞かれることが多い。私は、「相手の話をしっかり聞けるかどうかです」と答えている。

信頼される経営者や管理職は例外なく聞き上手である。相談に来た社員や部下の話をじっくりと聞くことを心掛けてほしい。

ところで、本書で、国会での厚労省のパワハラ防止法の「職場において行われる」の条文解釈の説明に疑問があると書いた（96頁）。しかし国会ではこの説明を問いただすような質問はなかった。

アメリカでは法律の解釈のために議会の議事録は必見である。条文についての質疑が細かくなされるからである。日本の国会でも、もう少し条文についての質疑をしてもらいたいと思う。

パワハラの芽はどこにでもある。先の見通せないウィズコロナ時代にあって、この本をきっかけにして、経営者や管理職だけでなく、社員が一体となってこれからのパワハラ防止対策に取り組んでもらうことを望みたい。

出版に当たり、構成や表現等について貴重な助言をいただいた新潮社新書編集部に心より感謝します。

## ●主要な参考文献

本書を書くにあたって数多くの文献を参考にさせてもらった。本文中で触れなかったものとして、以下の文献がある（著者名五十音順）。


・石嵜信憲編著『ハラスメント防止の基本と実務』（中央経済社・2020年）
・神谷悠一・松岡宗嗣『LGBTとハラスメント』（集英社新書・2020年）
・公益財団法人21世紀職業財団編『部下育成ハンドブック（改訂版）』（2020年）
・清水陽平『サイト別ネット中傷・炎上対応マニュアル（第3版）』（弘文堂・2020年）
・帯刀康一『パワハラ防止の実務対応』（労務行政・2019年）
・三上安雄ほか『懲戒処分の実務必携Q&A』（民事法研究会・2019年）
・水谷英夫『職場のパワハラ　セクハラ　メンタルヘルス（第4版）』（日本加除出版・2020年）
・森本英樹・向井蘭『実践型　職場のメンタルヘルス対応マニュアル』（中央経済社・2020年）
・山浦美紀・大浦綾子『実務家・企業担当者のためのハラスメント対応マニュアル』（新日

本法規・2020年）
・山川隆一・渡辺弘編著『最新裁判実務大系8　労働関係訴訟Ⅱ』（青林書院・2018年）

●専門家による相談窓口

都道府県労働局などの相談窓口の他に、専門家による主な相談窓口としては次のところがある。本文にも書いたように、早めに専門家の助言を得ておくことが解決の近道である。

・全国各地の弁護士会・社会保険労務士会・司法書士会・自治体の法律相談（弁護士や司法書士、社会保険労務士等が相談を受けてくれる）
・法テラス（弁護士が無料法律相談等を受けてくれる。弁護士費用の立替えをしてくれることもある。ただし収入、資産が一定額以下等の要件がある）
・公益財団法人21世紀職業財団（相談や研修だけでなく会社関係のハラスメントに詳しい弁護士を紹介してくれる）

図版製作・ブリュッケ

**井口　博**　1949（昭和24）年京都府生まれ。弁護士。東京ゆまにて法律事務所代表。一橋大学法学部卒業後、裁判官任官。法務省訟務検事、大阪地裁判事等を経て退官、弁護士登録。

Ⓢ新潮新書

878

パワハラ問題《もんだい》
アウトの基《き》準《じゅん》から対策《たいさく》まで

著者　井口《いぐち》　博《ひろし》

2020年10月20日　発行

発行者　佐藤隆信
発行所　株式会社新潮社
〒162-8711　東京都新宿区矢来町71番地
編集部(03)3266-5430　読者係(03)3266-5111
https://www.shinchosha.co.jp

印刷所　錦明印刷株式会社
製本所　錦明印刷株式会社


ISBN978-4-10-610878-5　C0234

価格はカバーに表示してあります。